# Das Basler Münster und seine Glocken

Karl Meyer-Lustenberger



Friedrich Reinhardt Verlag

Verfasser: Karl Meyer-Lustenberger, lic. phil., Mitarbeiter des Accueil im Münster
Herausgeber: Accueil im Münster (Evangelisch-reformierte Kirche Basel-Stadt), Sandra Kuwartowski
Lektorat, Korrektorat: Dorothea Schwinn Schürmann, lic. phil.
Grafik: Stauffenegger + Partner, Basel
Druck: Gremper AG, Pratteln
ISBN 978-3-7245-2669-8

Der Friedrich Reinhardt Verlag wird vom Bundesamt für Kultur mit einem Strukturbeitrag für die Jahre 2021–2025 unterstützt.

www.reinhardt.ch

# Inhaltsverzeichnis

# Vorwort: Die Botschaft der Glocken

Wer am Münster seinen Dienst tut, wird sich früher oder später mit dem Bau und seiner Ausstattung befassen müssen. Karl Meyer-Lustenberger hat das in vorbildlicher Weise getan und legt uns sein kundiges, schön illustriertes Büchlein vor. Es hilft, die Botschaft der Glocken zu hören und zu verstehen. Dafür gebührt ihm grosser Dank.

Als ich 1983 ans Münster kam, wusste ich nichts über die Glocken. Nur ihr Klang war mir von Kind auf vertraut, insbesondere der tiefe Ton der grossen Glocke aus der damals noch stillen, besinnlichen Silvesternacht. Es war unser Sigrist Werner Henssler, der mir einmal die Kopie eines zehnseitigen Typoskripts übergab, aus dem Jahr 1963 von Architekt Paul Vischer, dem damaligen Präsidenten der Münsterbaukommission. Der Bericht über die Turmglocken des Münsters war offenbar veranlasst durch die Revision der Automatik des Geläutes und eine Bestandesaufnahme von 1962. Diese Blätter waren die einzige leicht zugängliche Information.

Es ist gewiss nicht die erste und vornehmste Aufgabe derer, die am Münster den Dienst am Wort tun, sich auf das Kirchengebäude zu konzentrieren. Seiner Anziehungskraft und Geschichtsträchtigkeit können sie sich aber nicht entziehen – schon nur darum nicht, weil einen viele darauf ansprechen und ihre Fragen stellen. So erging es auch mir. Ich musste damit leben lernen, dass nicht wenige Leute sich mehr für das schöne Bauwerk interessieren als für die Botschaft, die von der Münsterkanzel verkündet wird. Mit der Zeit ergeben sich aber Gelegenheiten, den schönen Steinen des tausendjährigen Baus und zum Beispiel auch seinen Glocken ihre eigene Predigt zu entlocken. Gerade sie können kräftig mit den Gottesdiensten und Gebetszeiten mitklingen.

Denn die Glocken tragen ihre Sprüche. Gesammelt ergeben die sechs 1873 neu gegossenen einen stimmigen Ruf zum Gottesdienst. Die kleinste der oberen Glocken im Georgsturm begrüsst die Gemeinde: «Gnade sei mit euch und Friede». Die zweite stimmt wie die Lieder das Lob an: «Lobet den Herrn mit wohlklingenden Cymbeln». Von den mittleren tröstet die eine: «Du machst fröhlich, was da webet, beides, des morgens und des abends»; und die andere lädt zum Abendmahl ein: «Kommt, denn es ist alles bereit». Die obere im Martinsturm ruft zur Predigt: «O Land, Land, Land, höre des Herrn Wort». Die untere, die grösste und tiefste, erinnert an das Fundament, auf dem nicht nur der Bau, sondern die Gemeinde und ihr Glaube stehen: «Einen andern Grund kann niemand legen ausser dem, der gelegt ist – welcher ist Jesus Christus».

Ein Jahr vor der ökumenischen Versammlung «Frieden in Gerechtigkeit» hat eine Gruppe von Frauen nach Pfingsten 1988 mit einem Mittagsgebet angefangen. Inzwischen ruft die Mittagsglocke von Montag bis Freitag zur Betzeit. Am Samstag läutet es zur Vesper. Und am Morgen zum Gebet in der Katharinenkapelle. Es sind Ansätze dafür, dass die Glocken wieder ihren Zeichencharakter für ein geistliches Leben erhalten.

Möge die vertiefte Kenntnis des Münstergeläutes, die dieses Büchlein fördert, dazu führen, dass der Glockenklang in seiner inneren, uns berührenden Bedeutung vernommen wird.

Dr. Franz Christ
Pfarrer am Münster von 1983 bis 2009

# Die Glocken im Basler Münster

«Der Bode wankt,
aß d' Chilch-Thürn guge; d' Glocke schlagen a,
und lüte selber Bet-Zit wit und breit,
und alles betet – Drüber chunnt der Tag […]»

(Aus: «Die Vergänglichkeit. Gespräch auf der Straße nach Basel zwischen Steinen und Brombach, in der Nacht» von Johann Peter Hebel, 1803)

# Einleitung

Glockentöne haben etwas Starkes an sich, sie mahnen uns. Sie weisen über sich hinaus. Das Läuten der Glocken bestimmte und ordnete früher den Tagesablauf der Menschen. Im Gedicht «Die wandelnde Glocke» von Johann Wolfgang von Goethe holt eine Kirchturmglocke höchstpersönlich-wandelnd ein widerspenstiges Kind vom nahen Feld in den Gottesdienst. Auch in unserer heutigen Zeit ist Glockengeläut nicht zu überhören. Manche empfinden Glockenklang als störenden Lärm; andere hingegen vernehmen das Läuten der Glocken gerne. Einer grossen Beliebtheit erfreut sich die regelmässig am Samstagabend von Radio SRF 1 ausgestrahlte Sendung «Glocken der Heimat», in welcher Kirchenglocken aus verschiedenen Orten der Schweiz erklingen, um die Zuhörenden auf den Sonntag einzustimmen.

Im Jahresbericht 2021 des Vereins Freunde der Basler Münsterbauhütte erschien mein erster Beitrag über die Glocken im Basler Münster.[1] Darin beschrieb ich unter anderem die sogenannte Heinrichsglocke mit ihren vier Figurenreliefs. Dargestellt sind Maria mit Kind, Kaiser Heinrich II., Kaiserin Kunigunde und Bischof Theodul mit einem glockentragenden Teufel. Der Glockenheilige weckte meine Neugierde, und so entstand der vorliegende, um ein Kapitel über die Glockenlegende Theoduls erweiterte Text. Aus den vielen Bildwerken, die Theodul zeigen und seine Legenden wiedergeben, wählte ich ein Tafelbild der Kapelle St. Joder in Altzellen/Grafenort, Kanton Nidwalden, aus. Meine Nachforschungen führten mich auch nach Saint-Maurice im Kanton Wallis, der Heimat von Bischof Theodul, sowie in den Kanton Uri, in die Pfarrkirche St. Theodul in Unterschächen. Dort finden sich Deckenmalereien zum Leben und Wirken des Bischofs.

1 Karl Meyer-Lustenberger: Die Glocken im Basler Münster – früher und heute, in: Freunde der Basler Münsterbauhütte, Jahresbericht 2021, S. 42–57.

## Die Glocken im Basler Münster in ihrer Reihenfolge

Das Geläut des Basler Münsters in seinen beiden Türmen ist «das grösste Geläut Basels»[2] und besteht aus sieben Glocken Abb. 1, Abb. 23. Zwei davon befinden sich im Martinsturm (Glocken 1 und 2), fünf hängen im Georgsturm (Glocken 3 bis 7). Eine Glocke, die Heinrichsglocke, ist frühneuzeitlich, die restlichen sechs Glocken wurden 1873 vom bekannten Zürcher Glockengiesser Jakob Keller II.[3] gegossen und bilden «ein wertvolles Klangensemble des 19. Jahrhunderts»[4] in der Schweiz.

Das Gesamtgewicht dieser sieben Glocken beträgt 16 490 kg. Dazu kommen drei Schlagglocken (zwei davon stammen ebenfalls von Jakob Keller II.) im Martinsturm für den Stundenschlag der Turm-Uhr. Sie sind mit dem Uhrwerk von 1883 im 1. Stock des Martinsturms verbunden und wiegen insgesamt 850 kg. Die älteste, dem Münster zugeschriebene Glocke stammt aus dem 11./12. Jahrhundert und wird hier nicht weiter behandelt, da sie sich nicht mehr am Münster, sondern im Historischen Museum Basel befindet.

---

2 Dorothea Schwinn Schürmann: Glocken, in: Meier, Hans-Rudolf, Schwinn Schürmann, Dorothea et al.: Das Basler Münster = Die Kunstdenkmäler des Kantons Basel-Stadt, Bd. X der Reihe «Die Kunstdenkmäler der Schweiz», Bern 2019, S. 321.

3 Jakob Keller II. (1827–1894), Sohn von Jakob Keller (1793–1867), aus Andelfingen, Kanton Zürich. Der Vater war Glockengiesser und gründete 1821 eine Giesserei. Sein Sohn führte das Unternehmen als ebenso erfolgreicher Glockengiesser weiter.

4 Schwinn Schürmann (wie Anm. 2), S. 321 (weitere Würdigung des Münster-Geläutes siehe S. 323).

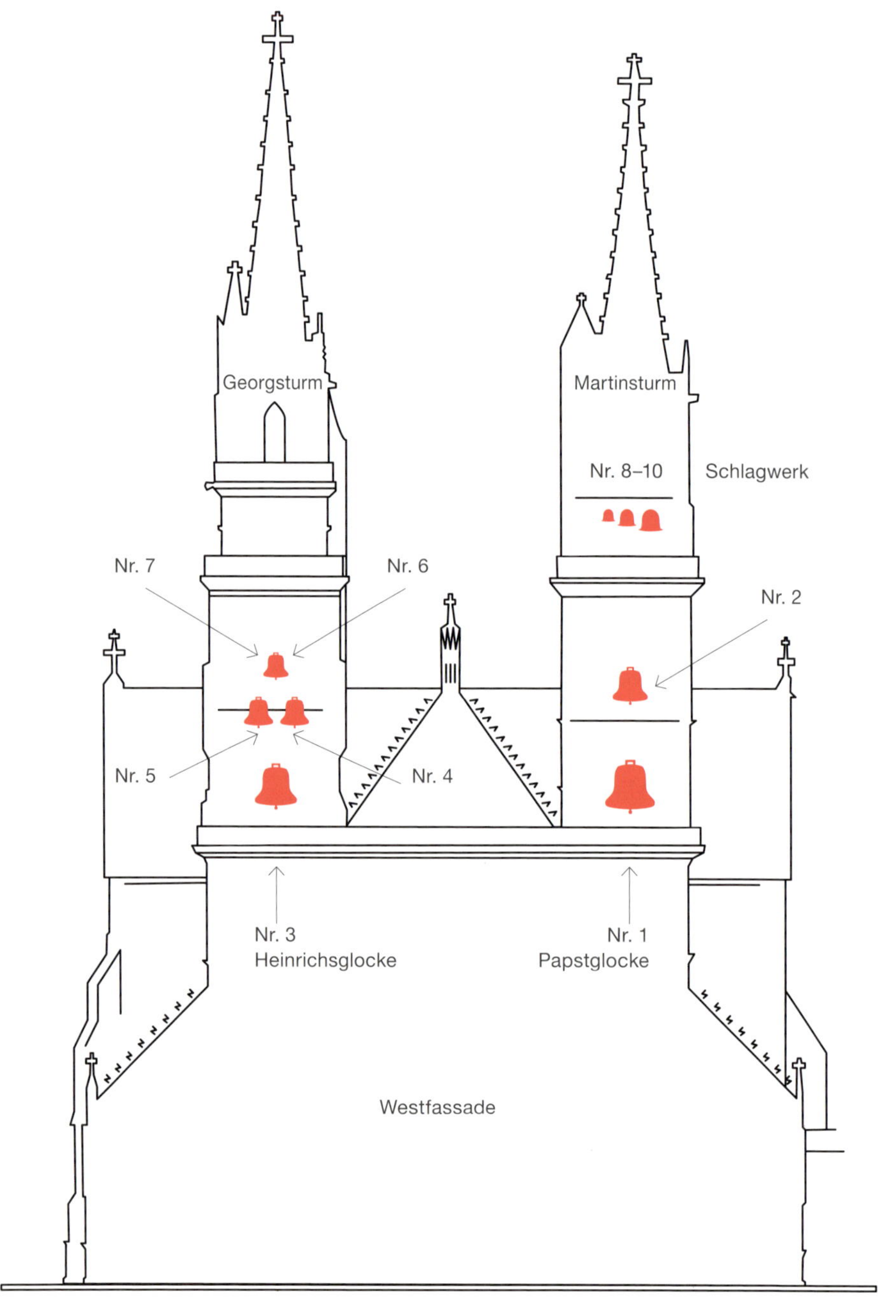


Abb. 1: Anordnung der Glocken im Georgsturm (links) und im Martinsturm (rechts).
Mit geänderter, heute üblicher Glockennummerierung.
Die heute am Münster gebräuchliche Läutordnung ist auf Seite 41 f. ersichtlich.

# Glocke Nr. 1

## Papstglocke / Grosse Glocke im Martinsturm, von Jakob Keller II. (6504 kg, Ø 2,14 m, Ton ges°)

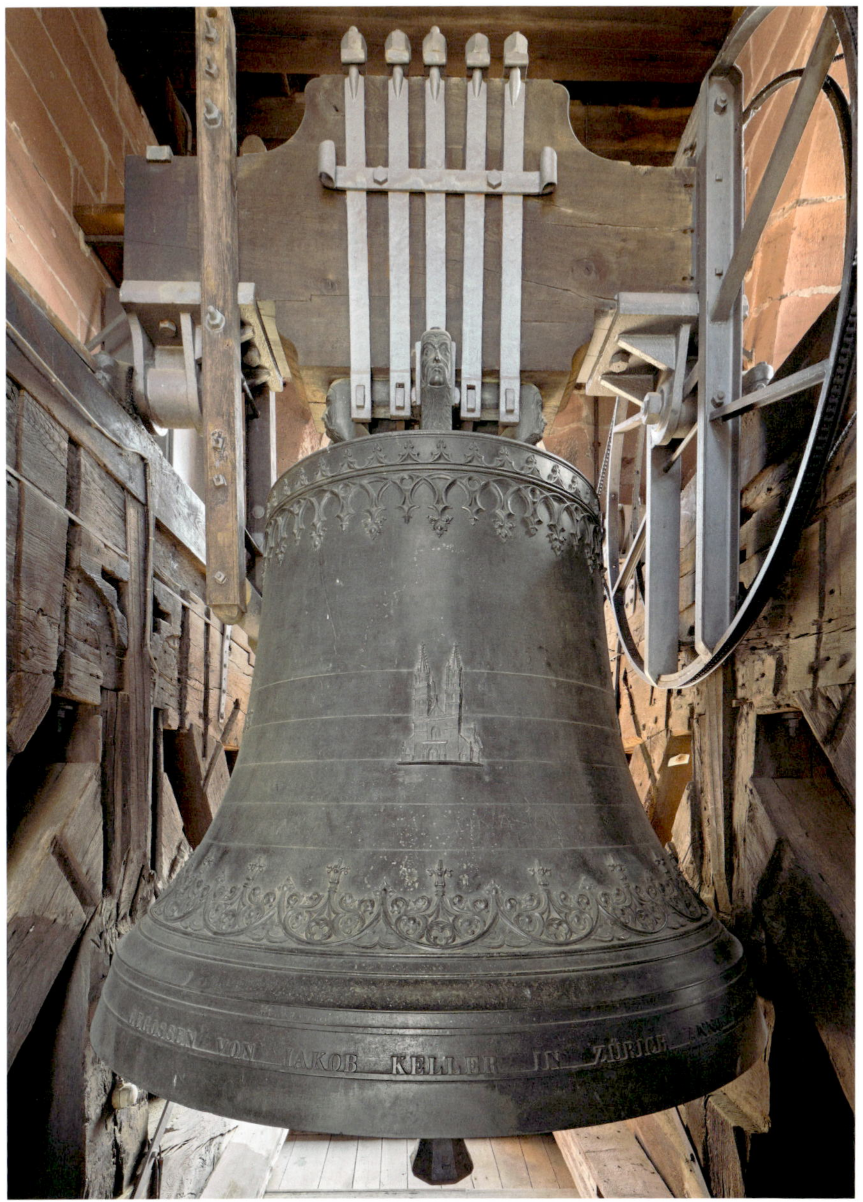


Abb. 2: Die Papstglocke / Grosse Glocke im Martinsturm, 1442 / 1493 / 1873.

Im ersten Freigeschoss des Martinsturms hängt die Papstglocke (auch Grosse Glocke) von 1873 Abb. 2. Ihre Vorgängerin war 1442 von Papst Felix V. während des Basler Konzils gestiftet worden und musste wegen eines Risses 1493 umgegossen werden. Nach der Reformation nannte man sie Osianna- oder Susannaglocke. 1723 stellte man erneut einen Riss fest und reparierte sie. 1873 erfolgte durch Jakob Keller II. ein Neuguss, wobei Bruchstücke der mittelalterlichen Glocke verwendet wurden. Deren Inschrift am unteren Glockenrand lautet: «EINEN ANDERN GRUND KANN NIEMAND LEGEN AUSSER DEM, DER GELEGT IST, WELCHER IST JESUS CHRISTUS» (1 Kor. 3,11). Auf der Glockenflanke befindet sich ein Relief der Münster-Westfassade Abb. 2. Die Papstglocke ist schweizweit bedeutend, da sie die grösste Glocke des 19. Jahrhunderts in der Schweiz ist.[5]

5 Schwinn Schürmann (wie Anm. 2), S. 322.

# Glocke Nr. 2

## Glocke im Martinsturm, von Jakob Keller II. (3455 kg, Ø 1,73 m, Ton b°)

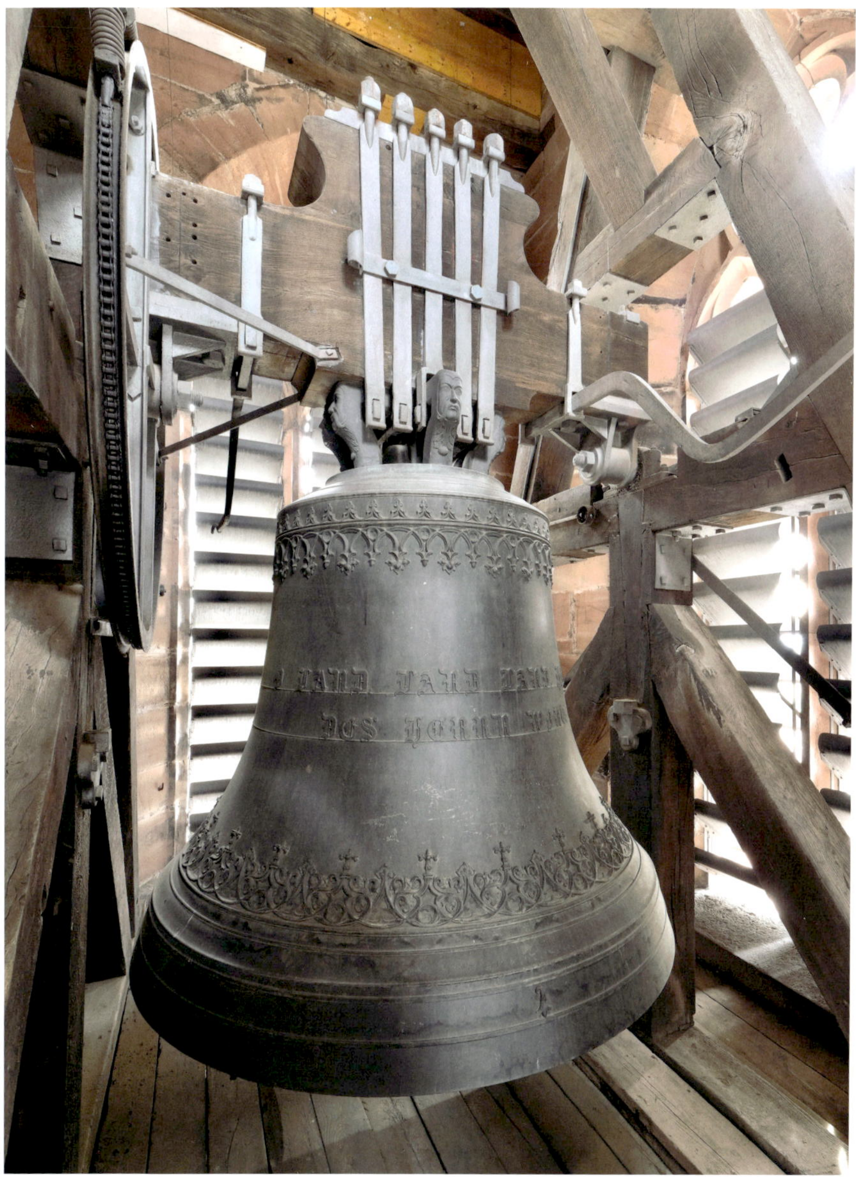

Abb. 3: Glocke Nr. 2 im Martinsturm, gegossen 1873 von Jakob Keller II.
Am Glockenmantel ist die Inschrift sichtbar.

Die Glocke im zweiten Turmgeschoss trägt die Inschrift: «O LAND, LAND, LAND, HÖRE DES HERRN WORT» (Jer. 22,29). Sie wurde ebenfalls 1873 gegossen Abb. 3, Abb. 4.

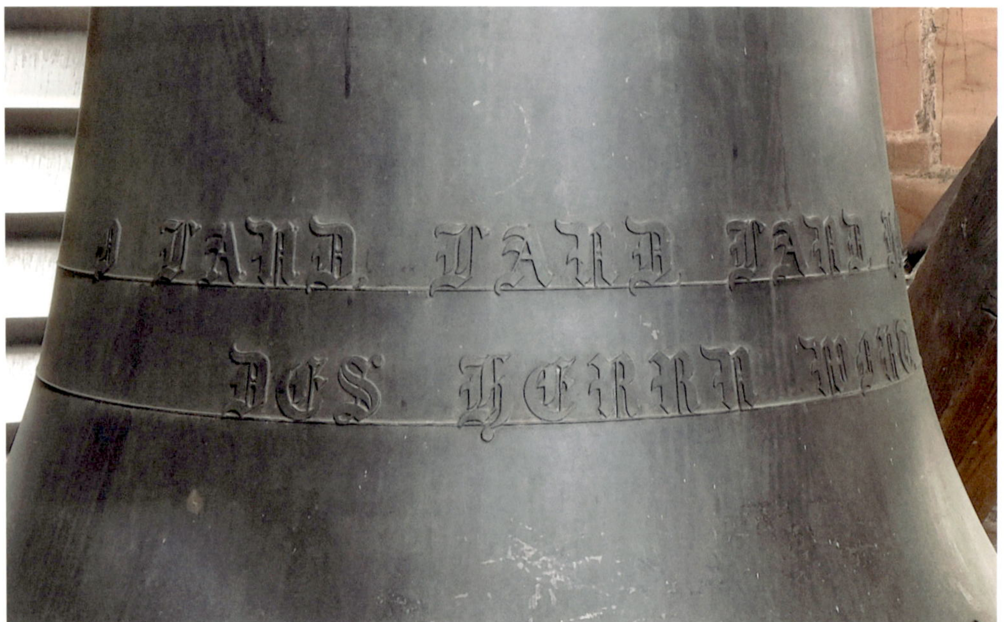


Abb. 4: Glocke Nr. 2, Inschrift am Glockenmantel.

# Glocke Nr. 3

## Heinrichsglocke im Georgsturm
## (2940 kg, Ø 1,59 m, Ton des')

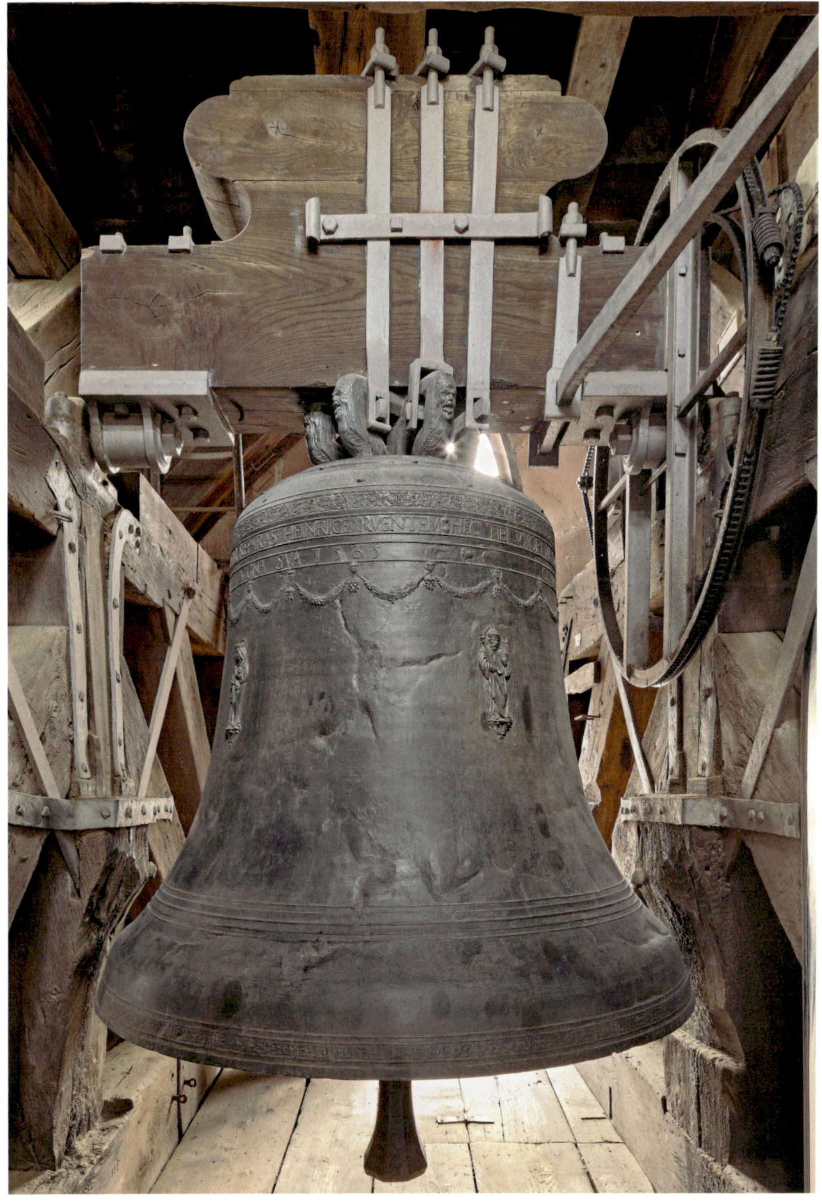

Abb. 5: Heinrichsglocke von 1494/1565.

Die Heinrichsglocke im ersten Freigeschoss des Georgsturms datiert ins Jahr 1565, entstand also in heutiger Form wenige Jahrzehnte nach der Reformation von 1529 Abb. 5. Sie wurde bei der Ziegelhütte vor dem Kleinbasler Riehentor gegossen.[6] Die Vorgängerglocke stammte von 1494. Auf dem Glockenmantel der Heinrichsglocke sind Reliefs[7] des heiliggesprochenen ottonischen Kaiserpaars Heinrich II. Abb. 6 und Kunigunde Abb. 7 sowie von Maria mit Kind Abb. 8 und Bischof Theodul Abb. 9 angebracht. Die Reliefs dürften auf die Glocke von 1494 zurückgehen. Theodul, auch Theodor oder (schweizerisch) Joder genannt, war im 4. Jahrhundert Bischof von Martigny (Kanton Wallis) und wurde im gesamten Alpenraum als Glocken-, Wetter- und Winzerpatron verehrt. Sein Heiligenattribut ist, ausser einem Buch, ein glockentragender Teufel, ein Motiv, das auf eine bekannte, weiter unten vorgestellte Legende zurückgeht (siehe S. 34–40, Abb. 9). Im Spätmittelalter war Theodul der gängige Glockenheilige des Alpenraums. Der Grund, weshalb er an der Heinrichsglocke figuriert, dürfte die Reliquien-Translation von 1490 aus Sion/Sitten gewesen sein, als – neben Mauritius-Reliquien – Partikel vom Grabgewand Theoduls und der Sittener Theodulsglocke vom dortigen Domstift dem Basler Domstift geschenkt wurden.[8] Als Schaugefäss für die Reliquien von Theodul und Mauritius wurde – wohl im Auftrag von Domprobst Hartmann von Hallwyl – die sogenannte Hallwyl-Monstranz angefertigt.[9] Diese zieren kleine Standfiguren, unter anderem der beiden genannten Heiligen. Die Glockenpartikel aus Sitten hingegen dürften 1494 beim Neuguss in die Glockenspeise der Heinrichsglocke eingeflossen sein.

---

6 Schwinn Schürmann (wie Anm. 2), S. 322.

7 Von der Basler Münsterbauhütte angefertigte Gipsabgüsse der Reliefs sind am Accueil im Münster erhältlich.

8 Christian Wurstisen: Beschreibung des Basler Münsters und seiner Umgebung, in: Wackernagel, Rudolf (Hrsg.): Beiträge zur vaterländischen Geschichte, 12. Bd., Neue Folge, 2. Bd., Basel 1888, S. 417; Historisches Museum Basel (Hrsg.): Der Basler Münsterschatz, Basel 2001, S. 327.

9 Rudolf F. Burckhardt: Der Basler Münsterschatz = Die Kunstdenkmäler des Kantons Basel-Stadt, Bd. II der Reihe «Die Kunstdenkmäler der Schweiz», Basel 1933 bzw. unveränderter Nachdruck 1982, S. 278ff.

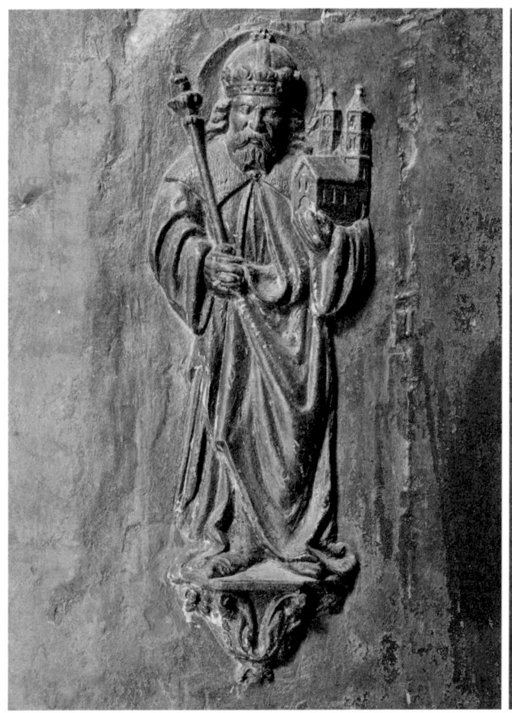

Abb. 6: Kaiser Heinrich II. Relief am Glockenmantel der Heinrichsglocke.

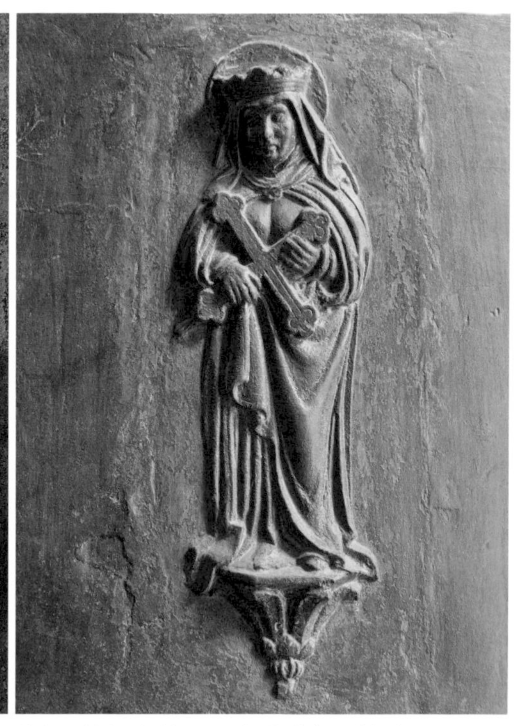

Abb. 7: Kaiserin Kunigunde. Relief am Glockenmantel der Heinrichsglocke.

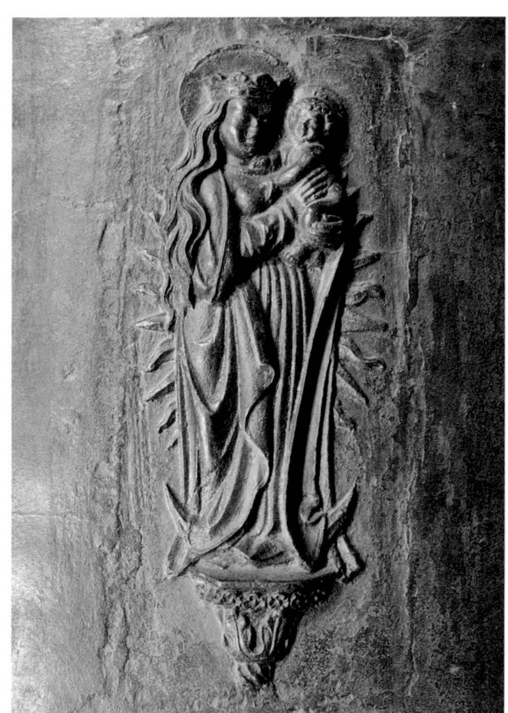

Abb. 8: Maria mit Kind im Strahlenkranz. Relief am Glockenmantel der Heinrichsglocke.

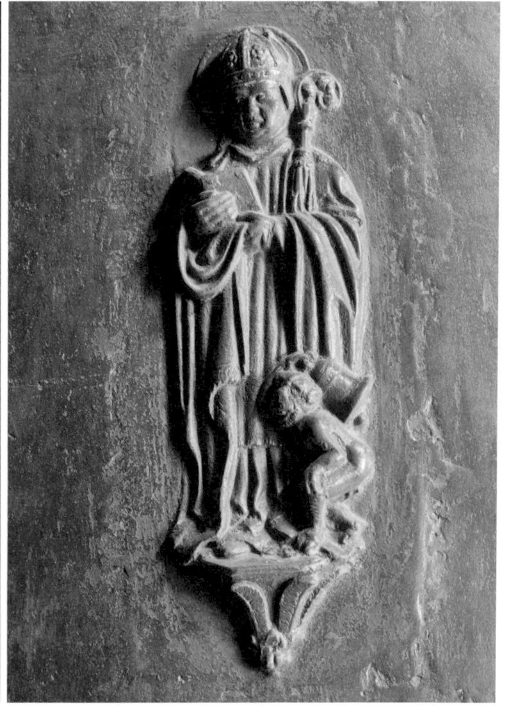

Abb. 9: Bischof Theodul mit Teufel und Glocke als Heiligenattribut. Relief am Glockenmantel der Heinrichsglocke.

Die Heinrichsglocke trägt eine Inschrift der beschädigten Vorgängerglocke: «ECCLESIAM HANC CAESAR REPARAS HEINRICE RUENTEM: HEC TIBI UXORI ME DAT: VOCOR AT THEODOLUS 1494» («Diese einstürzende Kirche stellst Du, Kaiser Heinrich, wieder her, diese [Kirche] gibt mich dir [und deiner] Gemahlin, ich werde auch Theodul genannt, 1494»).

Es ist also die Glocke selbst, die hier spricht und mitteilt, dass sie auch «Theodul» genannt wird. Beim Neuguss der Heinrichsglocke 1565 wurde eine weitere Inschrift zugefügt: «CAMPANAM REPARANT PROCERES COLLEGII ET URBIS UT RESONET IUXTA MOENIA MAGNA SUA 1565» («Die Vorsteher [Vornehmsten] der Kirche und der Stadt stellen die Glocke wieder her, damit sie [wieder] bis dicht an ihre grosse[n] Stadtmauer[n] erklinge [ertöne], 1565»).[10] Noch 1494 hatte das Basler Münster auch eine Kunigundenglocke, die heute nicht mehr existiert. Das Basler Münster besass damit also, wie der Bamberger Dom, Kaiserpaar-Glocken.[11] In früherer Zeit nannte man die Heinrichsglocke auch «Mues-Glocke». Sie läutete morgens um 10 Uhr und zeigte den «Haus-Armen»[12] an, dass ihr «Mues» (gekochter Brei, Brot und Suppe) im Almosenhaus zum Abholen bereit ist. Nach der Abschaffung dieses Brauchs ertönte die Glocke weiterhin um 10 Uhr, deshalb wurde sie fortan «Zehn-Glocke» genannt.

10 Ich danke Hans-Ueli Gubser, Altphilologe, für die Unterstützung bei der Übersetzung.
11 Schwinn Schürmann (wie Anm. 2), S. 323.
12 Zum Begriff «Haus-Arme» (heute: «Obdachlose») sei auf das «Deutsche Wörterbuch» von Jacob und Wilhelm Grimm, Stichwort «HAUSARM», Bd. 4, Sp. 652, sowie auf das «Schweizerische Idiotikon», Stichwort «hûs-arm», 1. Bd., Sp. 456, verwiesen.

## Glocke Nr. 4

**im Georgsturm, von Jakob Keller II.**
**(1415 kg, Ø 1,28 m, Ton es')**
Inschrift: «KOMMT, DENN ES IST ALLES BEREIT» (Lk. 14,17)

## Glocke Nr. 5

**im Georgsturm, von Jakob Keller II.**
**(960 kg, Ø 1,14 m, Ton f')**
Inschrift: «DU MACHST FRÖHLICH, WAS DA WEBET[13], BEIDES DES MORGENS UND DES ABENDS» (Ps. 65,9)

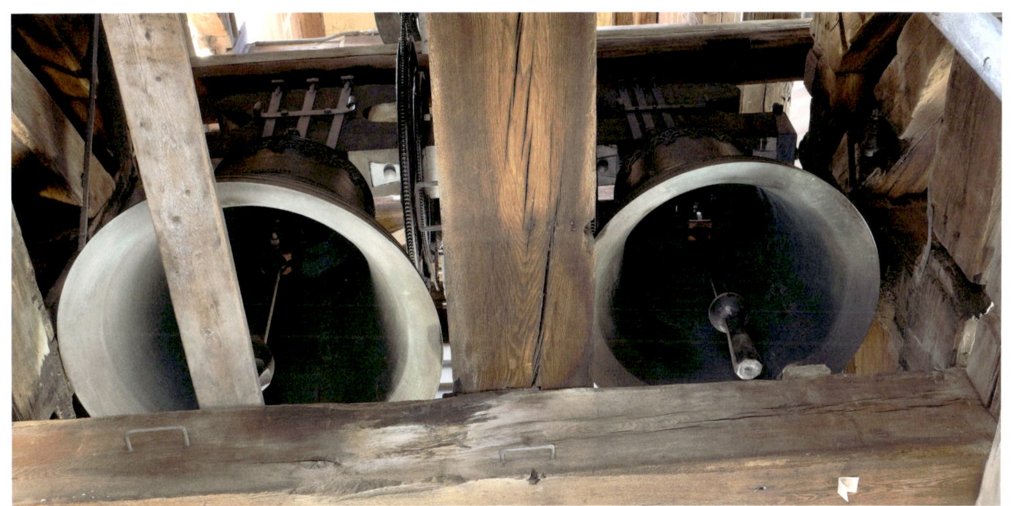

Abb. 10: Die beiden Glocken Nr. 4 und Nr. 5 im Georgsturm, gegossen 1873 von Jakob Keller II.

Oberhalb der Heinrichsglocke befinden sich vier kleinere Glocken des neuen Geläuts von 1873 von Jakob Keller II. Sie hängen paarweise im zweiten und dritten Geschoss des Georgturms Abb. 1. Im zweiten Geschoss sind die Glocken 4 und 5 (in Nord-/Süd-Achse) angebracht. Darüber folgen die Glocken 6 und 7 (in West-/Ost-Achse).

13 Zum Ausdruck «WEBET»: Luther verwendet in «Die gantze Heilige Schrifft Deutsch» von 1545 noch «webern». «Webe[r]n» ist ein Synonym für «leben». Freundliche Auskunft des ehemaligen Münsterpfarrers Dr. Franz Christ vom 28. April 2021.

# Glocke Nr. 6

**im Georgsturm, von Jakob Keller II.**
**(810 kg, Ø 1,06 m, Ton ges')**
Inschrift: «LOBET DEN HERRN MIT WOHLKLINGENDEN CYMBELN» (Ps. 150,5)

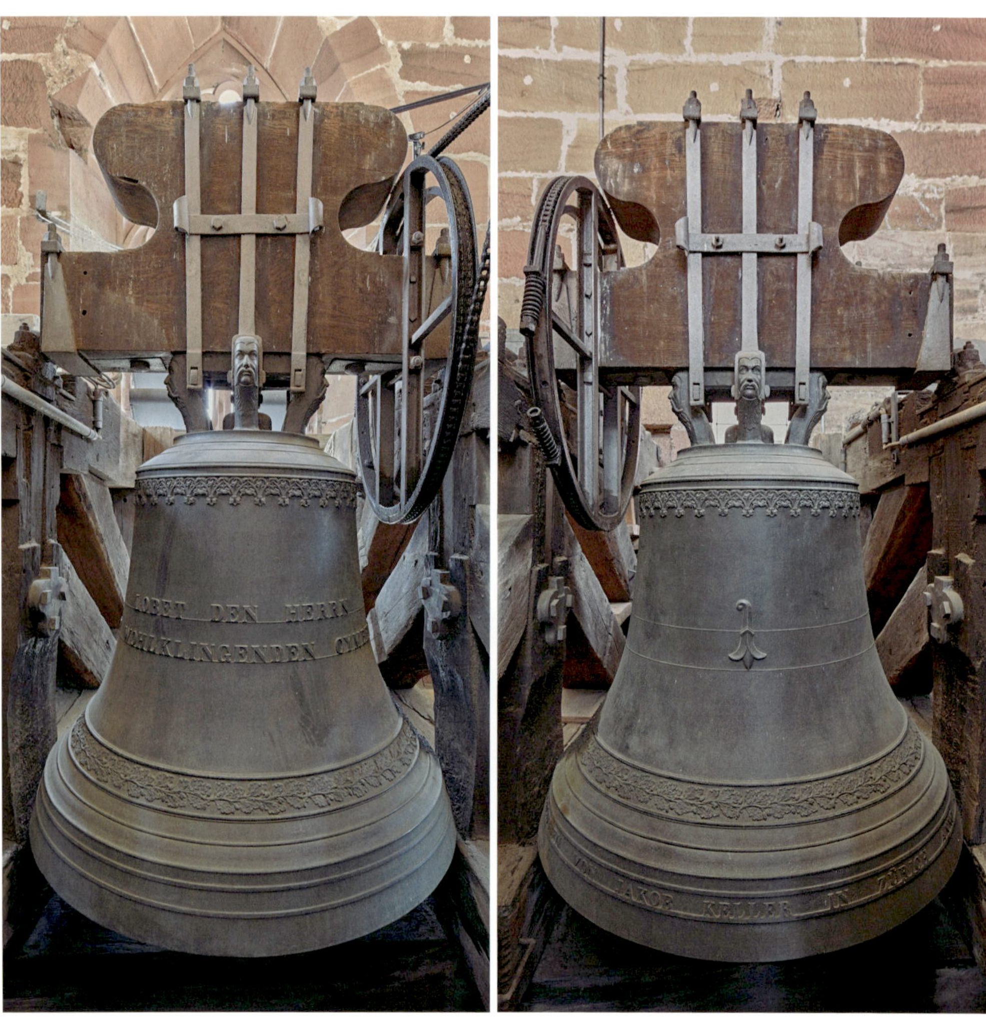


Abb. 11: Glocke Nr. 6 im Georgsturm von Jakob Keller II. (1873).

# Glocke Nr. 7

**im Georgsturm, von Jakob Keller II.**
**(406 kg, Ø 0,84 m, Ton b')**
Inschrift: «GNADE SEI MIT EUCH UND FRIEDE» (Röm 1,7)

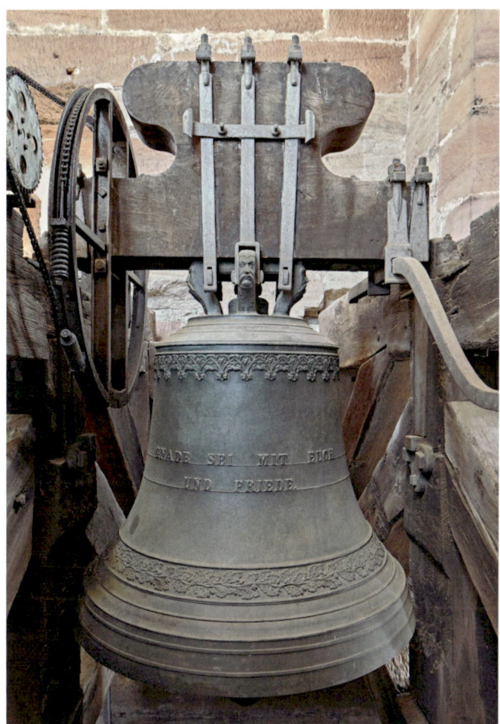


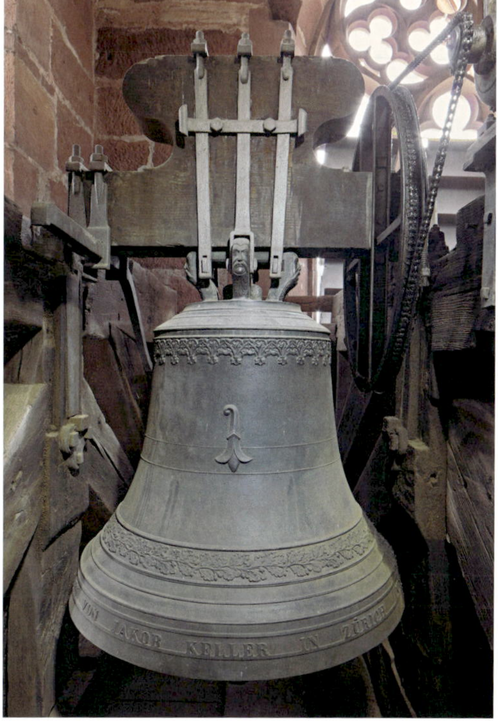


Abb. 12: Glocke Nr. 7 im Georgsturm von Jakob Keller II. (1873).

Das siebenteilige Glockenensemble ergänzen drei Schlagglocken im dritten Turmgeschoss des Martinsturms Abb. 13. Sie gehören zur grossen Münsteruhr, die sich weit sichtbar am Martinsturm, rechts des grossen Westfensters an der Westfassade befindet (siehe Abb. 23). Die Hammerschläge an die Glocken werden durch mechanische Impulse des im Martinsturm befindlichen Uhrwerks ausgelöst, welche über Eisendrähte auf den Glockenhammer übertragen werden. Das Uhrwerk wurde 1883 von der Turmuhren-Firma Mäder in Andelfingen (Kanton Zürich) unter Jakob Mäder konstruiert Abb. 14.

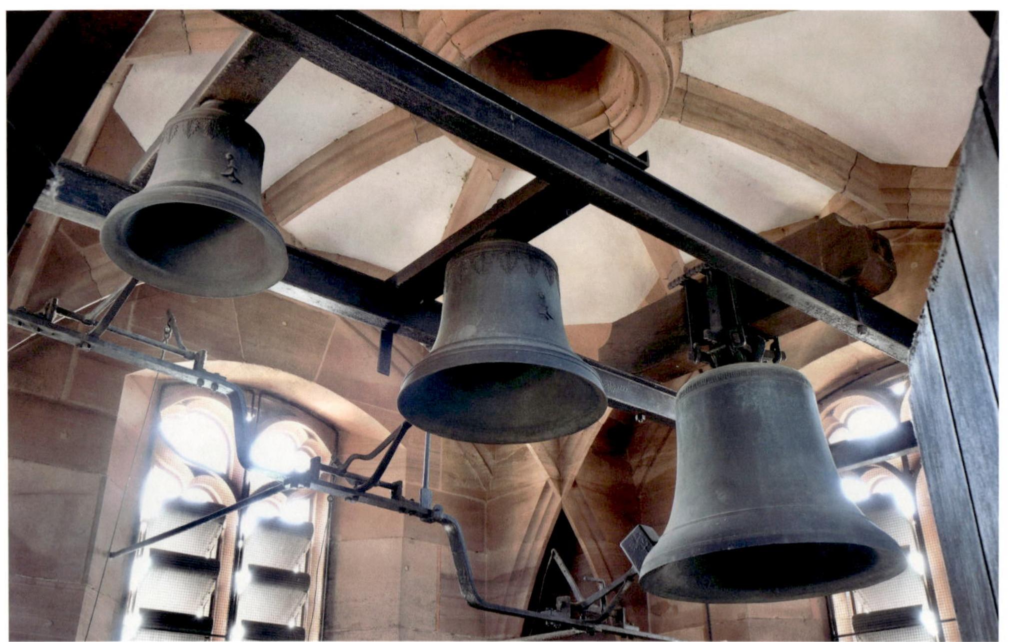

Abb. 13: Die drei Schlagglocken Nrn. 8, 9, 10 (v. r. n. l.) im dritten Turmgeschoss des Martinsturms.

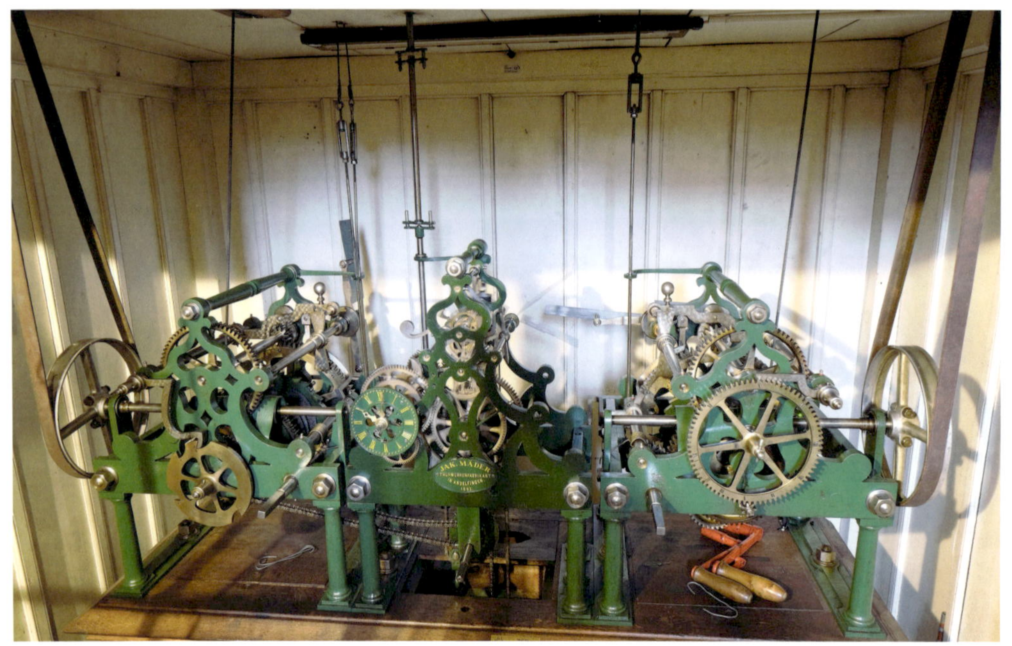


Abb. 14: Das Uhrwerk von 1883 von Jakob Mäder, Andelfingen (Kanton Zürich).

# Glocke Nr. 8

**Uhrschlagglocke im Martinsturm**
**(600 kg, Ø 0,98 m, Ton a')**

Die Stundenglocke Abb. 13, Glocke rechts ist heute die älteste Glocke am Münster. Sie stammt aus dem Jahr 1459 und befand sich entweder seit ihrer Entstehung am Münster, was bisher nicht belegbar ist, oder sie kam erst in den 1880er-Jahren ans Münster (siehe S. 27).[14] Inschrift: «Cirill'(us) ep(iscopus) in alexandria posit'(us) Fugat sagittas tonitrui a bin teritu G'(ene) ris humani diese' slag Mac(het) d'(er) bumeist(er) sub anno LIX» («Cyrillus, der als Bischof in Alexandrien eingesetzt war; er verscheucht Blitze des Donners vom Untergang des Menschengeschlechts. Diese Schlagglocke machte der Baumeister im Jahre 59»). Gemäss ihrer Inschrift diente sie ursprünglich als Wetterglocke (siehe S. 26).

# Glocke Nr. 9

**Uhrschlagglocke im Martinsturm, von Jakob Keller II.**
**(175 kg, Ø 0,66 m, Ton e'')**

Geschaffen 1885 von Jakob Keller II. Abb. 13, mittlere Glocke. Sie schlägt zusammen mit Glocke Nr. 10 die Viertelstunden.

# Glocke Nr. 10

**Uhrschlagglocke im Martinsturm, von Jakob Keller II.**
**(75 kg, Ø 0,48 m, Ton ais'')**

Geschaffen 1886 von Jakob Keller II. Abb. 13, Glocke links. Sie schlägt zusammen mit Glocke Nr. 9 die Viertelstunden.

---

14 Schwinn Schürmann (wie Anm. 2), S. 323.

# Ein Türglöckchen im Innenraum

Ein ganz kleines Schwesterchen dieser zehn Glocken soll auch erwähnt sein Abb. 15. Es hängt bescheiden im Innenraum des Münsters rechts oben beim Treppenzugang zum Martinsturm. Im Vergleich zu den zehn Turmglocken ist dieses Türglöckchen ein Winzling, sein Durchmesser beträgt lediglich 18 cm. Bei hohem Besucherandrang dient es heute dem Accueil-Team, um die bevorstehende Schliessung der Kirche anzukünden. Kurz vor Besuchsschluss wird sie deshalb geläutet. Das Glöckchen, mit einem Seil versehen, ist häufig Blickfang für Kinder, die manchmal nur zu gerne am Seil ziehen würden oder es auch tun. Ein früheres Mitglied des Teams «taufte» das Glöckchen vor etlichen Jahren schon auf den stimmigen Namen «Feierabendglöckchen». Am oberen Rand der Glocke ist die Jahreszahl «1617» zu erkennen.

Die Akten besagen, dass das Zugglöckchen einst die Hausglocke am Wohnhaus von Glockengiesser Hans Heinrich Weitnauer in Basel war, dann ins Historische Museum Basel gelangte und 1949 am Zugang zum Martinsturms des Basler Münsters angebracht wurde, um den Aufseher des Münsters herbeizuklingeln, wenn der Martinsturm bestiegen werden wollte.[15]

15 Jahresbericht Münsterbaukommission 1949, ohne Seite. Ich danke Dorothea Schwinn Schürmann für diesen Hinweis.

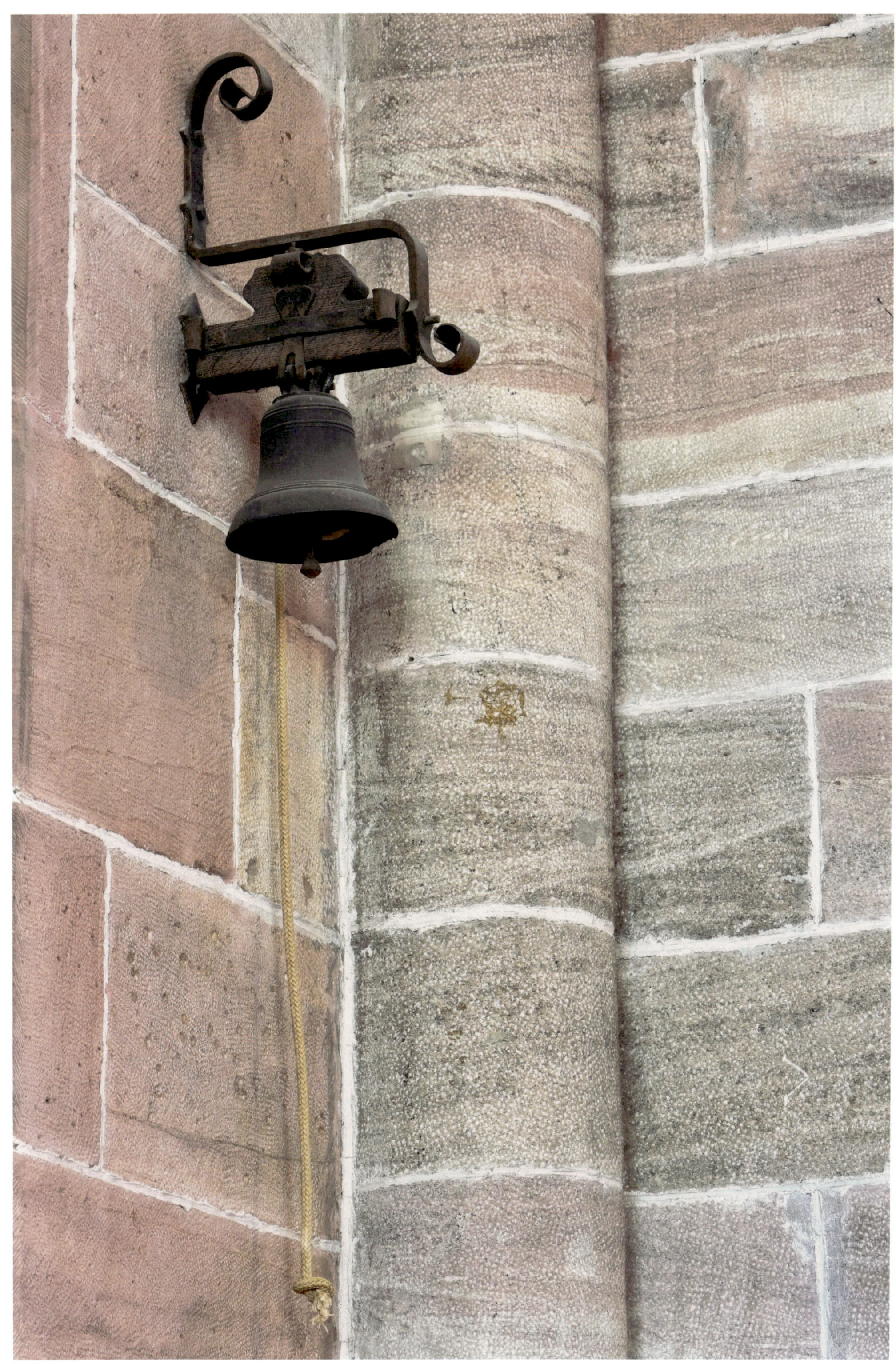

Abb. 15: Eine ehemalige Basler Hausglocke fand 1949 eine neue Funktion als Glocke am Zugang zum Martinsturm.

# Eine Basler Glockenbeschreibung des 16. Jahrhunderts

Zuvor wurden die heute noch sichtbaren, vor allem aber hörbaren Glocken des Münsters beschrieben. Nun ein Blick zurück ins 16. Jahrhundert: Der Basler Mathematiker, Theologe und Stadtschreiber Christian Wurstisen vermittelt uns in seiner «Beschreibung des Basler Münsters und seiner Umgebung»[16] interessante Details zu den Münsterglocken im Georgs- und im Martinsturm. Zum Georgsturm berichtet er, dass sieben Glocken darin hängen:

- «Die erst heisset diser zeit die mussglock, weil man sie umb 10uhr vor mittag, wann die hausarmen im allmusen hauss ihr muss holen sollen, zu leuten pfleget. Von altem her hiess sie keiser Henrichs glock [...]»
- «Die ander glock heisst unser frauwen glock, diser zeit die halb zwölfe glock [...]»
- «Die dritte [...] nennet man vor zeiten die salve glock, nun aber die wachtglock [...]»
- «Die vierte [...] heisst KVNIGVNDIS, sonst aber von ihrem gebrauch die chorglock [...] mit diser schrift: ‹Sum campana Chori, clerum voco, dicor Osanna›»[17] [...]
- «Die fünft [...]. Dise heisset MARIA.»
- «Ob disen hanget das primglöcklin, jetz das neune glöcklin, 2½ centner schwer. Dises bekham ein riss anno 1574, ward nach seiner erneuwerung d. 4. Julii erstlich widerumb geleutet, war aber zuvor besser gwesen»
- «Das vesperglöcklin, jetz das dreyglöcklin [...]»

Welch ein Unterschied zu unserer Zeit! Bei Wurstisen tragen alle Glocken Namen, entweder die mittelalterlichen Heiligennamen oder Funktionsnamen. Heute spricht man nur noch von der Papst- oder Grossen Glocke und der Heinrichsglocke, die restlichen Glocken sind namenlos und erhielten in der Münsterliteratur zur Unterscheidung Nummern.

---

16 Wurstisen (wie Anm. 8), S. 419ff.
17 «Ich bin die Chor-Glocke und rufe den Klerus, bin Osanna genannt».

# Verschwundene Münsterglocken

Der Basler Zeichner Emanuel Büchel gab 1764 auf seiner Ansicht «Der Münsterplatz in Basel» am Oktogon und am Turmhelm des Georgsturms zwei Glocken wieder, denen wir bisher nicht begegnet sind Abb. 16. Die obere, kleinere Glocke hängt am Turmhelm an einem vorkragenden Holzbalken. Die untere, grössere Glocke hängt an der Westseite des Oktogons und ist ebenfalls an einem vorspringenden Holzbalken befestigt.

Vielleicht handelte es sich bei den von Büchel dargestellten Glocken um sogenannte Wetterglocken[18], die bei Unwettern geläutet wurden, um sowohl die Bevölkerung zu warnen als auch das Unwetter bzw. die bösen Geister, Blitze und Hagel zu vertreiben? Friedrich Schiller stellt 1799 in seinem «Lied von der Glocke» die den Glocken zugeschriebenen Eigenschaften als Leitmotiv voran: «Ich rufe die Lebenden. Ich beklage die Toten. Ich breche die Blitze.» Ein berühmter Zeitgenosse Büchels, Benjamin Franklin[19], hatte 1752 den Blitzableiter erfunden. Zu Zeiten Franklins war wahrscheinlich den Menschen noch nicht bekannt, dass ein Blitz elektrisch geladen ist. Vielmehr glaubten die Menschen, dass die Blitze eine Strafe des Himmels seien.

Die beiden Aussenglocken dürften jedenfalls von den Turmwächtern, die im dritten Freigeschoss des Georgsturms ihre Turmstube hatten, bedient worden sein. Wie Bildquellen zeigen, verblieben sie bis Ende des 19. Jahrhunderts am Georgsturm, bevor sie bei der grossen Aussenrestaurierung des Münsters 1880–1890 abgenommen wurden.[20] Dies bestätigen die Jahresberichte des Münsterbauvereins des Jahres 1880[21]: «… Als man nun noch an den obersten Gallerien beider Thürme die Fialen theilweise herabgenommen, theilweise wieder neu erstellt hatte, als dann die Schlagglocken des St. Georgsthurmes in's Innere des Thurmes auf ein provisorisches Gerüste gebracht waren, wo sie später definitiv an einem eisernern Stuhle aufgehängt werden sollen, als endlich die über den Winter stehen bleibenden Gerüste noch gehörig gegen

18 Internet: «Als unsere Vorfahren bei Gewitter noch die Wetterglocken läuteten», vgl. auch «Glocken und Blitze» (Abrufdatum September 2023).
19 Internet: «Benjamin Franklin – der Erfinder des Blitzableiters» (Abrufdatum September 2023).
20 Siehe Foto von Adam Varady in: Meier, Hans-Rudolf, Schwinn Schürmann, Dorothea et al.: Das Basler Münster = Die Kunstdenkmäler des Kantons Basel-Stadt, Bd. X der Reihe «Die Kunstdenkmäler der Schweiz», Bern 2019, S. 142 f. Abb. 122, 123.
21 Basler Münsterbauverein, Bericht und Rechnung Erstes Jahr 1880, S. 25.

Sturm versichert worden, da war auch die Zeit gekommen, wo das Arbeiten in der Höhe anfing weniger lohnend zu werden und die Maurer gerne eine andere Beschäftigung gehabt hätten.»

Mit grosser Wahrscheinlichkeit sind damit die beiden Glocken gemeint, die bis ins späte 19. Jahrhundert zu sehen waren. Der Auszug aus dem Jahresbericht gibt uns den Hinweis, dass es Schlagglocken waren. War eine davon vielleicht die Glocke Nr. 8 von 1459 Abb. 13, Seite 21?

Weitere Hinweise zum Verbleib dieser ins Innere des Georgturms transportierten und allfällig verschwundenen Glocken liessen sich in den Jahresberichten bis 1889 nicht finden. Zusätzliche Nachforschungen über das Schicksal dieser Glocken werden wohl in Zukunft noch erfolgen.

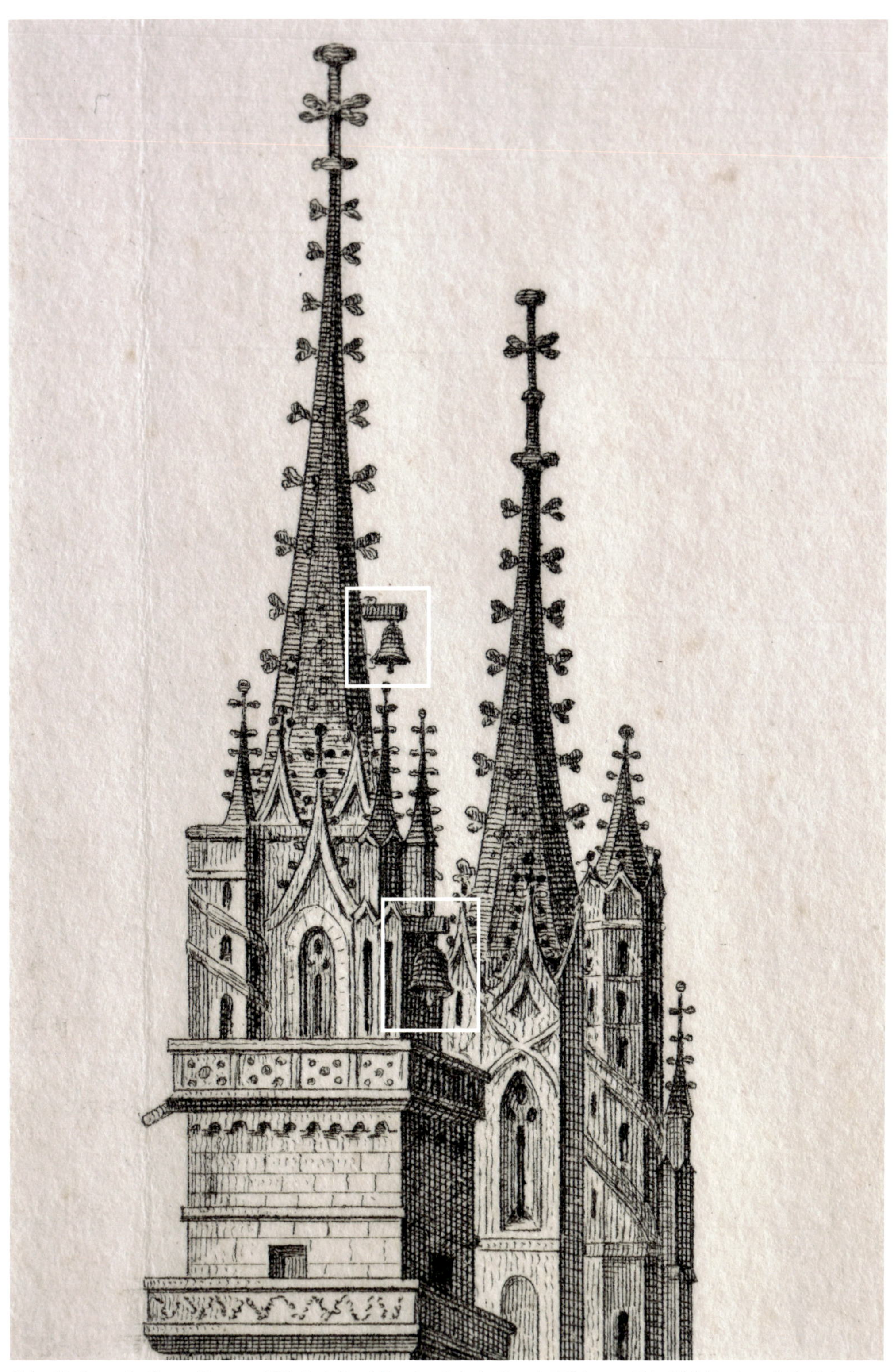

Abb. 16: Ausschnitt aus Emanuel Büchel: Der Münsterplatz in Basel, 1764, aus: Friedrich Becker: J. P. Hebel, Festgabe zum 100. Geburtstag, Basel 1860.

# Glocken und Turmwächter Basels

Für die Stadt Basel wurde im Jahr 1412 eine neue Ordnung für den Wachtdienst[22] erlassen. Rudolf Wackernagel beschreibt in seiner «Geschichte der Stadt Basel»[23], dass es in der Stadt häufig Brände gab. Ein Grossbrand ereignete sich am 5. Juli 1417: ein Haus in der Streitgasse brannte, das Feuer dehnte sich zum Aeschenschwibbogen, zum Münsterplatz, zur Freien Strasse und in die St. Alban-Vorstadt aus. Der Rat erliess in der Folge Vorschriften hinsichtlich der beim Häuserbau zu verwendenden Materialien. Er machte zahlreiche Vorgaben, z.B. über die Masse, wie weit Dachhimmel vorstehen durften, auch war jeder Herd mit einem Feuerhut zu überwölben. Weiter waren die Dächer mit Ziegeln statt mit Schindeln zu versehen, die Bedürftigen erhielten dafür finanzielle Unterstützung. Der Löschdienst wurde mit weiteren Ledereimern und Feuerleitern ausgestattet.

Das Geläute der Kirchen regelte das Leben der Menschen im Mittelalter und der frühen Neuzeit in vielerlei Hinsicht. Von Münster und St. Leonhard ertönten morgens und abends die «Torglocken», um das Öffnen und Schliessen der Stadttore anzukündigen. Unklar ist dabei, welche Münsterglocke als Torglocke fungierte. Die Torglocke zu St. Leonhard hiess auch Feuerglocke. Diese wies die Bevölkerung an, ihre Herd- und Ofenfeuer im Winter um acht und im Sommer um neun Uhr abends zu löschen. Hinzu kamen Signale der Turmwächter. Deren Aufgabe war es, einen möglichen Brand anzuzeigen und «... die Nacht hornen oder blasen in rechter ordentlicher Länge und dann die ganze Nacht durch jedem Stundenschlag der Uhr ein Anschlagen ihrer Glocke oder einen ‹Hornblos› folgen zu lassen».[24]

22 Bruno Thommen: Schweizerisches Feuerwehr-Museum im Lützelhof in Basel, Basel 1997, S. 12ff.
23 Rudolf Wackernagel: Geschichte der Stadt Basel, Zweiten Bandes erster Teil, S. 290ff., Basel 1911; Faksimile-Nachdruck der Originalausgabe, Basel 1986.
24 Wackernagel (wie Anm. 23), S. 290ff.

## Der Glockenpatron Theodul – Vita

Der frühchristliche, um 400 n. Chr. gestorbene Heilige Theodul, auch Theodorus, Theodor oder Joder genannt, war der erste historisch nachweisbare Bischof des Wallis und hatte den Bischofssitz von Octodurum (Martigny) inne Abb. 9.[25] Er nahm im Jahr 381 an der Bischofssynode von Aquileia teil und vermutlich auch 389 und 393 an den Synoden von Mailand. Theodul entdeckte die Grabstelle des heiligen Mauritius, einem Märtyrer der sogenannten Thebäischen Legion, bei Agaunum und liess darüber eine Abtei erbauen (Abtei Saint-Maurice). Er starb in Octodurum und wurde dort auch begraben. Nachdem der Bischofssitz im Jahr 585 nach Sion verlegt worden war, wurden seine sterblichen Überreste in die dortige, nach ihm benannte St.-Theoduls-Kirche überführt. Der Theoduls-Kult verbreitete sich von Sion über Engelberg in die übrige Schweiz (auch nach Basel), nach Savoyen, Oberitalien, Vorarlberg und nach Süddeutschland.[26] Die nach Osten ausgewanderten Walser verehrten ihn ebenfalls. Sein Gedenktag ist der 16. August. Theodul gilt als Glocken- und Wetterpatron. Nur am Rande sei vermerkt, dass in der Kleinbasler Theodorskirche – als deren Schutzpatron der Märtyrer Theodor von Amasea gilt[27] – die Bruderschaft der Rebleute um 1460 eine Statue ihres Schutzheiligen St. Theodul auf dem Heiligkreuzaltar stehen hatte.[28] Denn Theodul war wegen eines von ihm gewirkten Weinvermehrungswunders im Spätmittelalter auch der Schutzheilige der Winzer.

---

25 Die folgenden Ausführungen finden sich bei Ernst A. Stückelberg: Die Schweizerischen Heiligen des Mittelalters: ein Hand- und Nachschlage-Buch für Forscher, Künstler und Laien, Zürich 1903, S. 111 ff.; vgl. auch Schweizer Lexikon 91 in 6 Bänden, Bd. 6, Stichwort «Theodul».

26 Internet: https://t1p.de/vp0os (Abrufdatum September 2023).

27 François Maurer: Die Kirchen, Klöster und Kapellen, dritter Teil: St. Peter bis Ulrichskirche = Die Kunstdenkmäler des Kantons Basel-Stadt, Bd. V der Reihe «Die Kunstdenkmäler der Schweiz», Basel 1966, S. 322.

28 Maurer (wie Anm. 27), S. 326, mit Zeichnung des Bischofs Theodul von Johann Jakob Neustück (um 1850), ebd. S. 386. Die Zeichnung zeigt die Theodulfigur vom Glockenrelief der Heinrichsglocke und nicht – wie François Maurer vermutet – die erwähnte, nicht erhaltene Statue vom Heiligkreuzaltar aus St. Theodor.

# Theodul-Darstellungen in der bildenden Kunst

In der bildenden Kunst des Mittelalters und der Neuzeit gibt es im Alpenraum zahlreiche Abbildungen von Bischof Theodul. Ich beschränke mich hier auf das mehrteilige Tafelbild der Kapelle St. Joder in Altzellen / Grafenort (Kanton Nidwalden) Abb. 18. Nebenbei sei erwähnt, dass die Post des Fürstentums Liechtenstein im Jahr 1959 eine Serie mit Briefmarken über Glockenmotive herausbrachte und auf der 60-Rappen-Marke Bischof Theodul mit glockentragendem Teufel abbildete Abb. 17.[29] Übrigens hat zum Tag der Briefmarke am 14. November 2013 die Schweizerische Post mit einer 85-Rappen-Marke die Glockengiesserei H. Rüetschi AG in Aarau gewürdigt.[30]

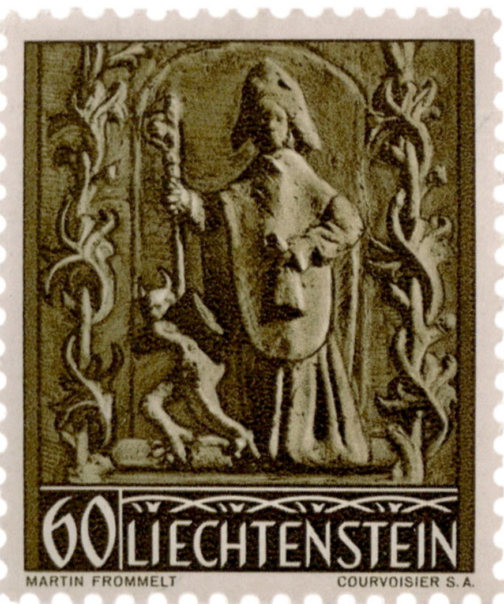


Abb. 17: Der Glockenpatron Theodul auf einer Briefmarke des Fürstentums Liechtenstein, 1959.

29 Michael Burzan: «Klangvolle Botschafter» in: «Deutsche Briefmarken-Zeitung» / SE 26 / (ohne Ort) 2016, S. 20. Mein Dank geht an Carlo Negri, ehemaliger stellvertretender Sigrist am Basler Münster, er hat mir die Briefmarke überlassen, und an Heinz Glättli, FRPSL (Fellow Royal Philatelic Society London), AEP (Académie Européenne de Philatélie). Beide unterstützten mich mit ihren philatelistischen Kenntnissen.

30 Burzan (wie Anm. 29), S. 21. Auch für diese Briefmarke ist Carlo Negri zu danken.

# Kapelle St. Joder in Altzellen / Grafenort (Kanton Nidwalden)

In der spätmittelalterlichen St.-Joder-Kapelle in Altzellen / Grafenort ist ein grosses Tafelbild (Breite: 171 cm, Höhe: 164 cm) mit neun Szenen (Breite: 50 cm, Höhe: 47 cm) und Inschriften zu Bischof Theodul und seinem Leben zu entdecken Abb. 18–22.[31] Das Werk eines unbekannten Malers dürfte im Jahr 1620 entstanden sein.[32] Dargestellt sind: Kaiser Karl der Grosse wird von Theodul von seinen Sünden freigesprochen und übergibt diesem das geistliche und das weltliche Schwert (Szene 1–2); Theodul findet die Leichname des heiligen Mauritius und seiner Gefährten (Szene 3); die (im Folgenden beschriebene) Glockenlegende (Szene 4–7); das Gebäude, das Bauleute frevelnderweise am Festtag des heiligen Theodul errichten, wird von diesem durch ein Unwetter zerstört (Szene 8); die Hand des Priesters, der nach einer erfolglosen Bittprozession gegen Unwetter ein Bildwerk des heiligen Theodul zerschmettern will, verdorrt (Szene 9).

Der Name «Joder» stellt eine Schweizer Mundartvariante von «Theodul» dar. Diese Namensvariante wird auch durchgehend in den Inschriften des Tafelbildes verwendet.[33]

31 Freundliche Hinweise zu dieser Kapelle erhielten wir von Pfarrer Erich Lehmann und Frau Sissi Zimmermann, Römisch-katholisches Pfarramt, Wolfenschiessen. Frau Doris Christen, Sigristin der St.-Joder-Kapelle, stand uns mit ihren Auskünften tatkräftig zur Seite.

32 Auskunft von Wendel Odermatt, Restaurator SKR, Stöckli AG Stans. Die Firma Stöckli hat die Gemälde vor 55 Jahren restauriert.

33 Wie aus der ältesten Namensform «St. Theodorus» der Name «St. Joder» entstand, erklärt das Schweizerische Idiotikon, Bd. 3, 11 f., sowie Engelbert Bucher: St. Theodul, in: Wir Walser, Halbjahresschrift für Walsertum, Brig 1966, S. 2 f.

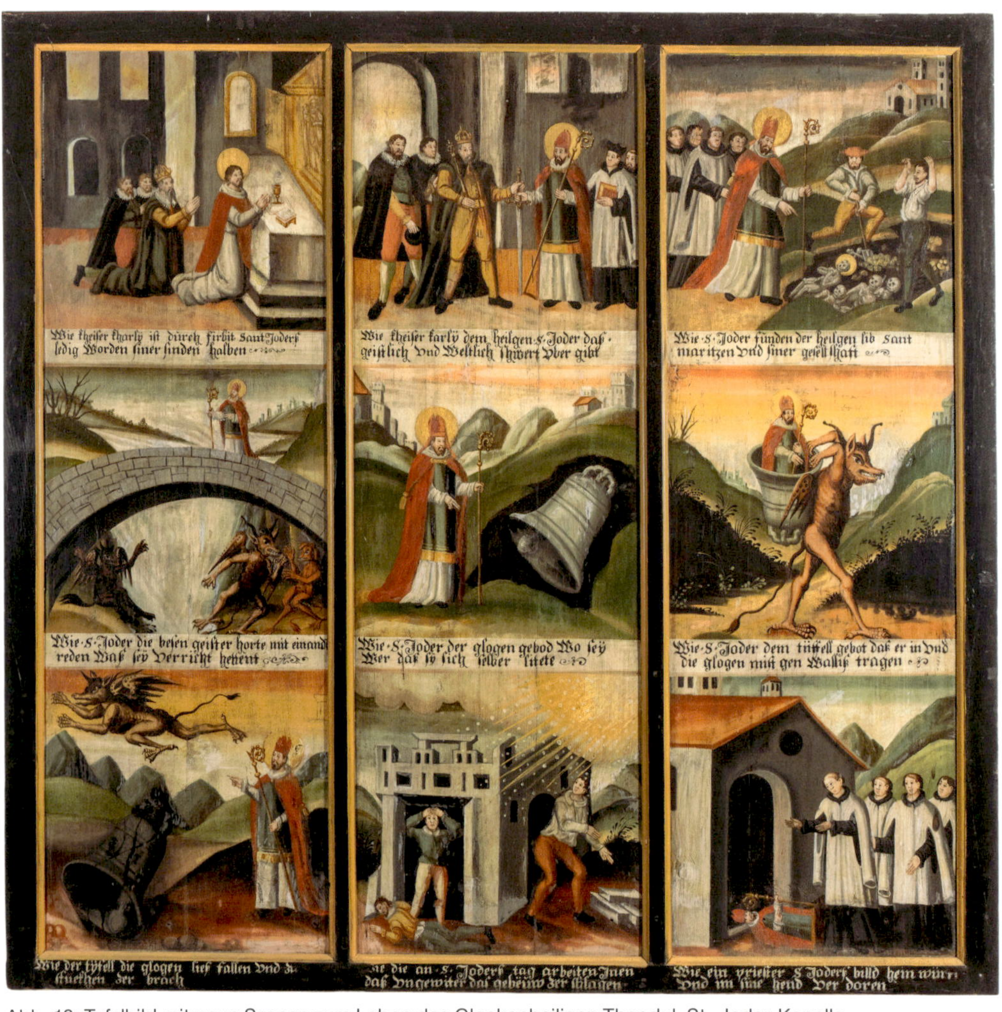


Abb. 18: Tafelbild mit neun Szenen zum Leben des Glockenheiligen Theodul, St.-Joder-Kapelle, Altzellen / Grafenort, um 1620.

| 1 | 2 | 3 |
|---|---|---|
| 4 | 5 | 6 |
| 7 | 8 | 9 |

# Die Glockenlegende des Bischof Theodul

Um Bischof Theodul ranken sich verschiedenste Legenden, die vermutlich ins Mittelalter zurückgehen. Josef Guntern hat sie 1978 in seinem umfangreichen Standardwerk «Volkserzählungen aus dem Oberwallis»[34] gesammelt. Hier beschränken wir uns auf die bekannteste Theodul-Legende – «Die St.-Jodern-Glocke», die als Nummern 2120–2124 in Varianten niedergeschrieben sind. Nr. 2120 und Nr. 2121 folgen hier im Wortlaut des Standardwerks[35]: Sie handeln von Bischof Theoduls Reise in Begleitung des Teufels nach Rom, von der Glocke, die er dort vom Papst als Geschenk für seine Hilfe erhielt, vom Teufel, der den Bischof und die Glocke ins Wallis tragen musste, und wie Theodul die eingegangene Wette gewann Abb. 19–22.

Beide Legendentexte stimmen im Kern überein, sind aber unterschiedlich ausgeschmückt worden. Nicht ohne Humor ist die Verkleinerungsform des Namens «Joder» in Legende Nr. 2121: Auf die Frage des Papstes, wer so spät in der Nacht Einlass begehre, antwortet der Bischof: «Ds Joderli aus dem Wallis …»

34 Josef Guntern: Volkserzählungen aus dem Oberwallis – Sagen, Legenden, Märchen, Anekdoten aus dem deutschsprechenden Wallis = Schriften der Schweizerischen Gesellschaft für Volkskunde, Bd. 62, Basel 1978. Freundlicher Hinweis zu diesem Titel erfolgte von Dr. Gregor Zenhäusern vom Forschungsinstitut zur Geschichte des Alpenraums, Schweizerische Stiftung für das Stockalperschloss, Museum Stockalperschloss, Brig (Mail vom 22. Februar 2022).

35 Guntern (wie Anm. 34), S. 813 ff.

# Die St.-Jodern-Glocke

**Legendentext Guntern No. 2120**

«Vom Bischof Jodern wird auch erzählt, dass ihm einmal offenbar wurde, der Papst in Rom schwebe in Gefahr, und er sollte gewarnt werden. Unschlüssig und ratlos öffnete der Bischof das Fenster. Vor dem Schlosse sah er drei Teufel munter und freudig miteinander tanzen. Gleich rief sie der Oberhirte herbei und fragte, wer von ihnen der geschwindeste sei. Da antwortete der erste, er sei geschwind wie der Wind, und der zweite meinte, er laufe wie die Kugel aus dem Rohr. ‹Das sind nur faule Bäuche gegen mich›, lachte der dritte, ‹ich fliege durch die Welt wie ein Weibergedanke.›

Mit diesem verabredete nun der Heilige, er verspreche ihm seine Seele, wenn er ihn, noch bevor die Hähne morgens krähen, nach Rom zu bringen und wieder nach Sitten zurück zu tragen vermöge. Der Satan nahm freudig das Anerbieten an und stellte einen schwarzen Hahn als Wächter auf die Stadtmauer. Bischof Jodern brachte einen weissen Hahn auf den Dachgiebel des Schlosses und schärfte ihm wohl ein, sich morgens nicht etwa zu verschlafen. Die Reise begann; im Nu war Bischof Jodern in Rom. Er warnte den Papst noch zur rechten Zeit und erhielt von ihm aus Dankbarkeit eine Glocke. Der Teufel musste nun auch die Glocke mit aufladen und nach Sitten heimtragen. Es war noch nicht zwei Uhr morgens, als er glücklich mit seiner Doppellast zuunterst auf der Planta ankam.

Da merkte der weisse Hahn auf dem Dache auch gleich die Ankunft und fing aus vollem Halse schnell zu krähen an. Auch der schwarze Hahn des Teufels erwachte nun darob und schrie mit. Da ergrimmte der Satan sehr, dass er die Wette verloren hatte, und warf die Glocke mit solcher Gewalt zur Erde nieder, dass sie neun Ellenbogen tief in den Boden einsank.

Der Bischof aber rief: ‹Dona! Dona! lit!› und die Glocke fing an zu läuten und kam läutend wieder zum Vorschein. Das war dann die St.-Jodern-Glocke, die lange gegen Ungewitter Wunder tat.»

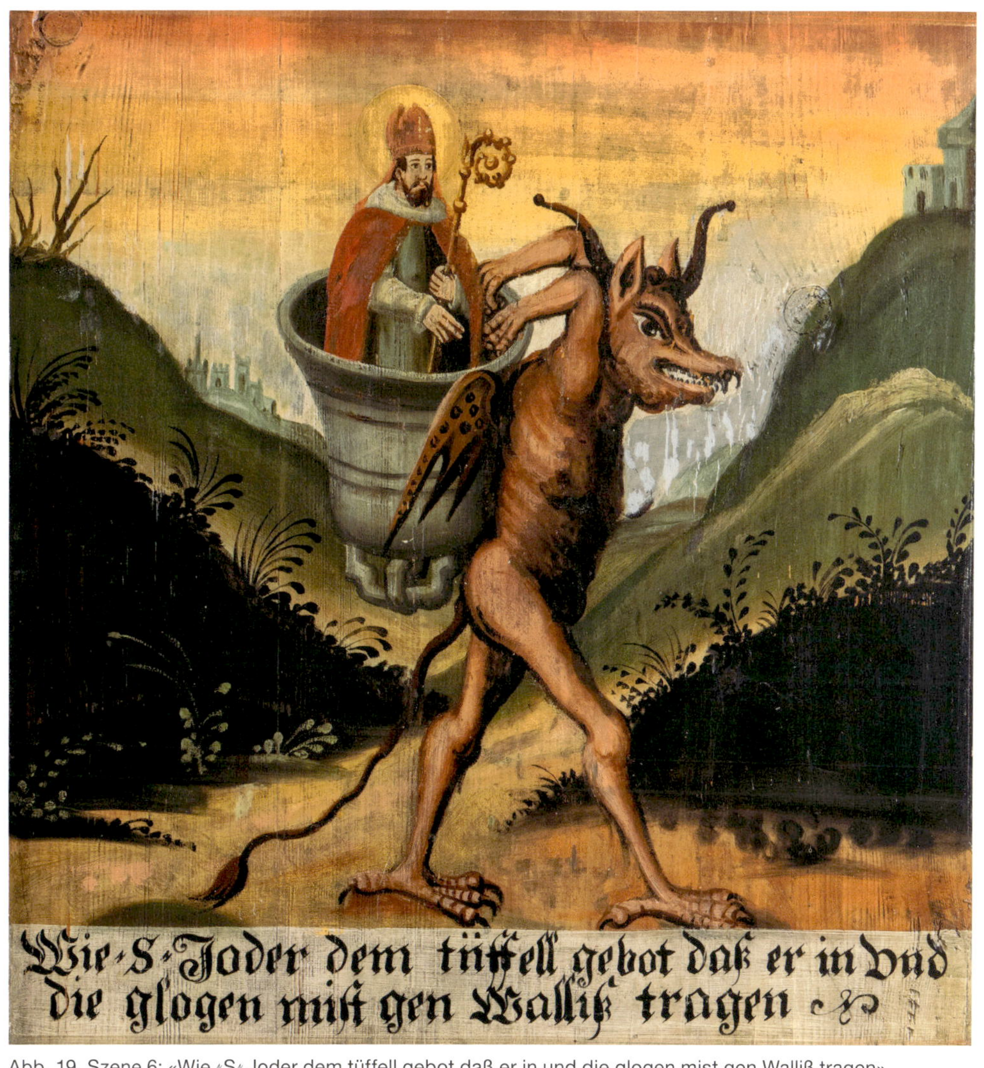


Abb. 19, Szene 6: «Wie ⁄S⁄ Joder dem tüffell gebot daß er in und die glogen mist gen Walliß tragen» («Wie St. Joder dem Teufel gebot, dass er ihn und die Glocke ins Wallis tragen müsse»)

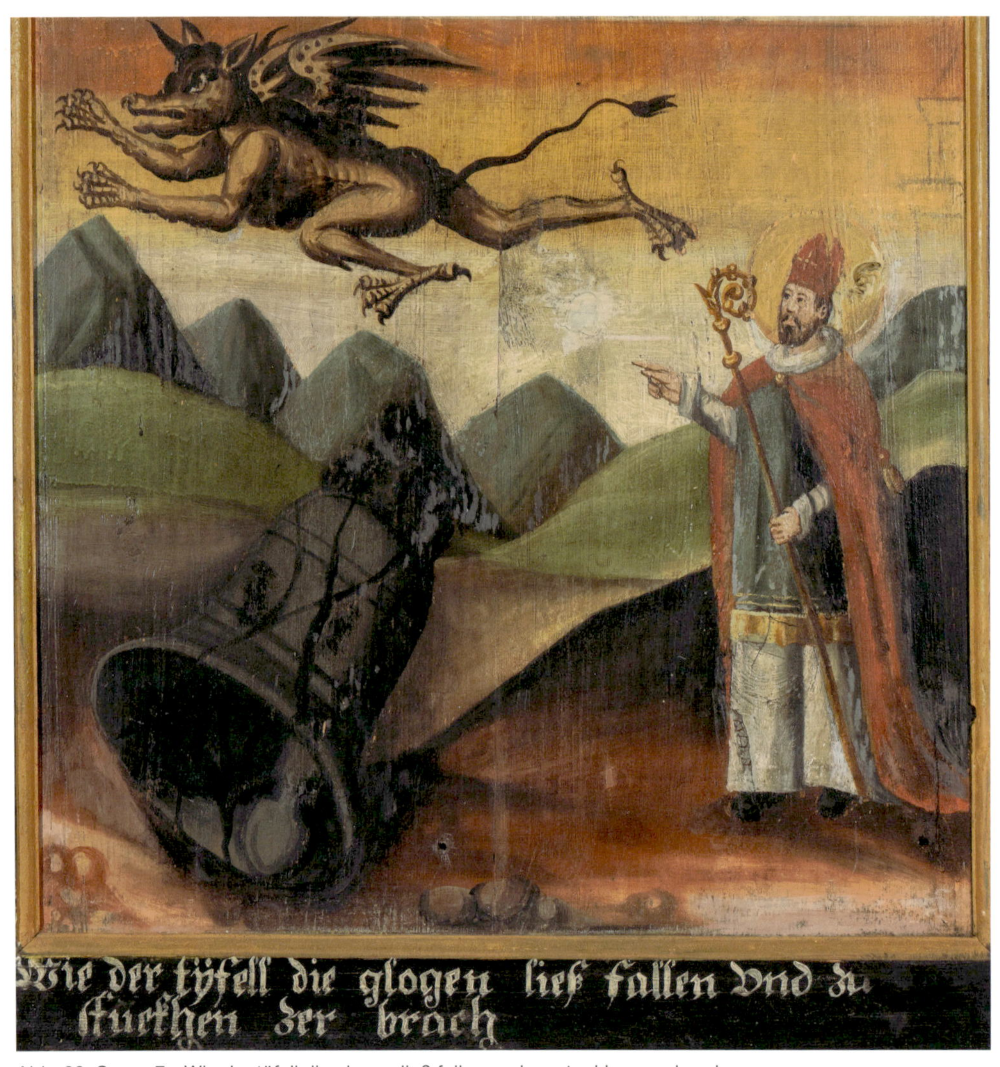


Abb. 20, Szene 7: «Wie der týfell die glogen ließ fallen und zu stuckhen zer brach»
(«Wie der Teufel die Glocke fallen liess und sie in Stücke zerbrach»)

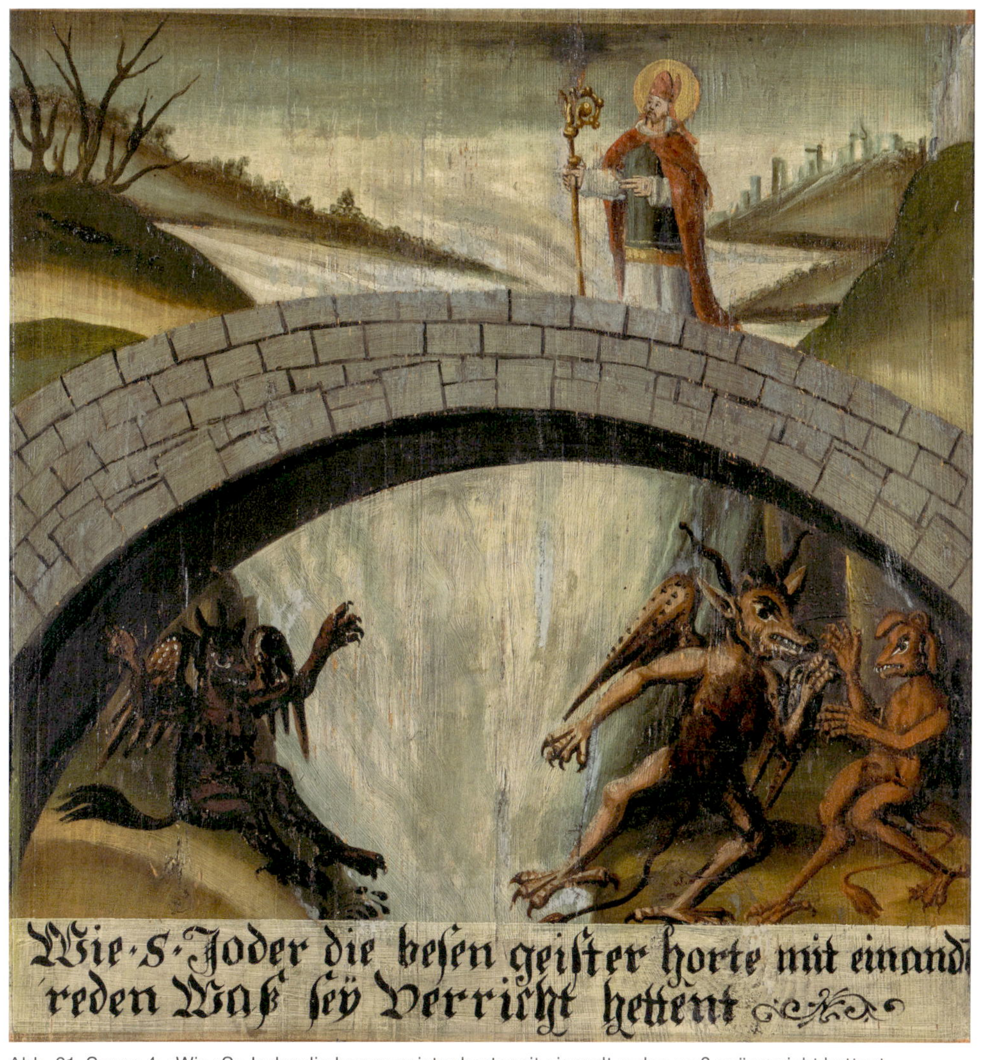


Abb. 21, Szene 4: «Wie ⸗S⸗ Joder die besen geister horte mit einandt reden waß seÿ verricht hettent»
(«Wie St. Joder die bösen Geister miteinander reden hörte, was sie verrichtet hätten»)

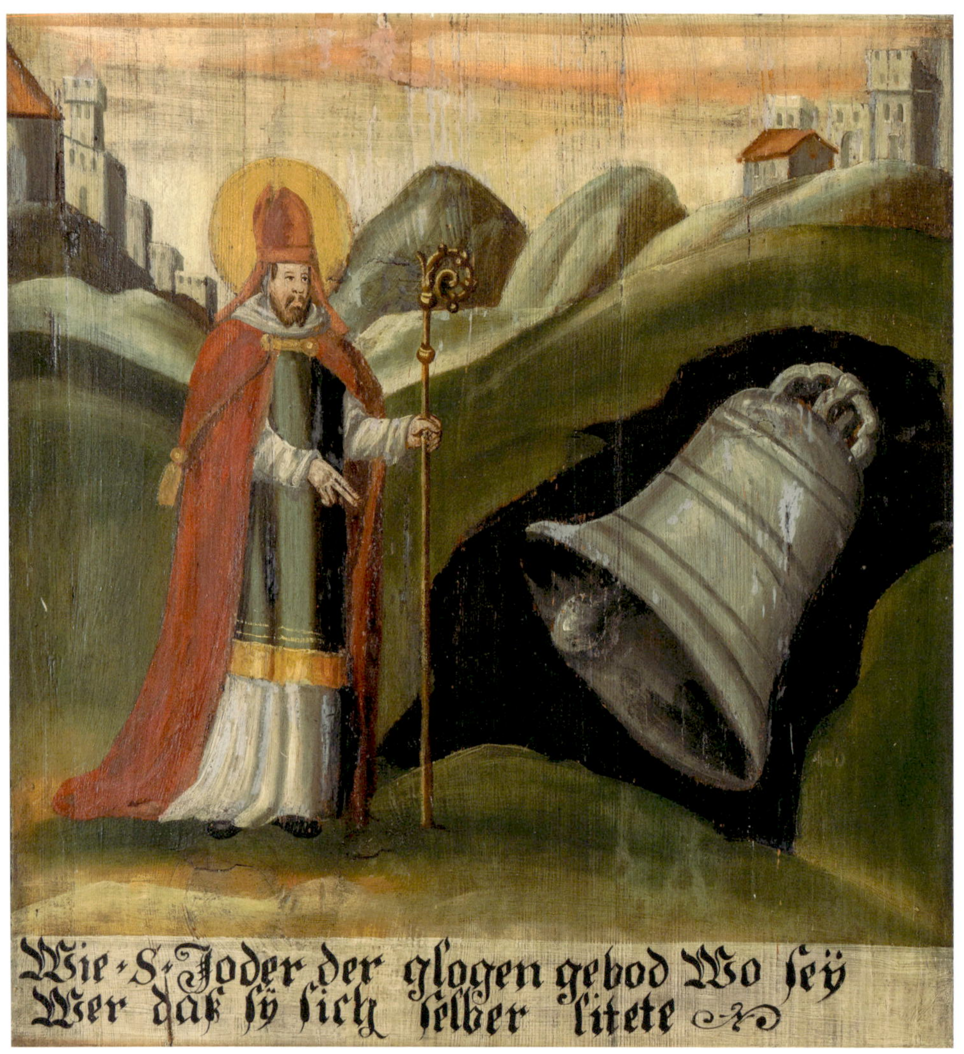


Abb. 22, Szene 5: «Wie ·S· Joder der glogen gebod Wo seÿ Wer daß sÿ sich selber litete»
(«Wie St. Joder der Glocke gebot, wo sie wäre, dass sie von selbst läute»)

# Die St.-Jodern-Glocke

### Legendentext Guntern No. 2121

«Eines Abends sah Bischof Joder auf der grossen Brücke in Sitten drei Teufel fröhlich tanzen. Er fragte sie, was denn der Grund ihrer grossen Freude sei. ‹Ja, der Papst wird morgen das heilige Öl segnen, und weil er diese Nacht sündigt, ist das Öl nicht gültig gesegnet, und alle Geistlichen, die damit geweiht werden sollen, sind dann gar nicht Geistliche. Das ist wohl etwa Grund zur Freude!›

Dem Bischof lief es kalt den Rücken hinunter, wenn er an dieses Unglück für die Kirche dachte. Und er fragte, wer von ihnen der schnellste sei. Der erste meinte, er könne laufen wie ein Kanonenschuss, der zweite wie der Blitz, und der dritte wie ein Weibergedanken.

Diesen dritten warb er an, um mit ihm nach Rom zu fahren. Er versprach ihm seine Seele, wenn sie vor Betenläuten wieder hier seien. Im Nu waren sie in Rom, und der Bischof klopfte beim Papst an. Dieser fragte, wer denn da sei, so spät in der Nacht. ‹Ds Joderli aus dem Wallis, macht auf, es ist wichtig!› Als Anerkennung wollte der Bischof die grösste Glocke von Rom. Der Papst zeigte sie ihm, aber Sant Joder sagte, das stimme nicht, die grösste Glocke liege drei Meter tief im Boden drin. Und er befahl: ‹Dona lit!› und die Glocke begann im Boden zu läuten und kam zum Vorschein. Der Papst gab sie nun als Geschenk, und der Teufel musste sie auch noch zurücktragen. So kamen sie erst nach dem Betenläuten an, und der Teufel verlor die Wette [...]»

# Läutordnung am Basler Münster

| Geläute | Zeit (Start) | Dauer | | Glocke |
|---|---|---|---|---|
| **Wochentag** | | | | |
| Frühgeläute, morgens | 07.00.35 | 05 Min. | | Glocke 5 |
| Mittagsgeläute | 12.00.45 | 05 Min. | Sommerzeit | |
| Feierabendgeläute (Montag bis Freitag) | 18.00.35 | 05 Min. | Winterzeit | |
| | 19.00.35 | 05 Min. | | |
| Feierabendgeläute am Samstag | 18.00.35 | 13 Min. | Winterzeit | Glocken 7, 6, 5, 4, 3, 2 vor gewöhnlichen Sonntagen |
| | 19.00.35 | 13 Min. | Sommerzeit | |
| Vesper | 16.22.30 | 07 Min. | | Glocke 2, vor Festtagen mit Glocke 1 |
| **Sonntag** | | | | |
| Einläuten | 08.52.30 | 07 Min. | | Glocke 2 |
| Zusammenläuten | 09.45.20 | 13 Min. | | Glocken 7, 6, 5, 4, 3, 2 |
| **Feiertag** | | | | |
| Vorabend (wie Samstag: 13 Min.) | | | | alle sieben Glocken |
| Heiligabend | 18.00.35 | 13 Min. | | |
| Gründonnerstag | 18.00.35 oder 19.00.35 | 13 Min. | Winterzeit Sommerzeit | |
| Karsamstag / Stiller Samstag | 18.00.35 oder 19.00.35 | 13 Min. | Winterzeit Sommerzeit | |
| Vor Himmelfahrt | 19.00.35 | 13 Min. | | |
| Vor Pfingsten | 19.00.35 | 13 Min. | | |
| Vor Bettag | 19.00.35 | 13 Min. | | |
| Christnachtfeier | 21.45.20 | 13 Min. | | alle sieben Glocken |

| Geläute | Zeit (Start) | Dauer | | Glocke |
|---|---|---|---|---|
| **Weihnachtstag (Stephanstag, falls Sonntag), 1. Januar (falls Gottesdienst), Karfreitag, Ostern, Himmelfahrt, Pfingsten, Bettag** | | | | |
| Einläuten | 08.52.30 | 07 Min. | | Glocke 1 |
| Zusammenläuten | 09.45.20 | 13 Min. | | alle sieben Glocken |
| **Silvester/Neujahr** | | | | |
| Das Jahr-Ausläuten | 23.45.35 | 09 Min. | | Glocke 1 |
| Punkt Mitternacht | 24.00.45 | 13 Min. | | alle sieben Glocken |
| **Besonderheiten** | | | | |
| am 1. Mai | | | | Kein Frühgeläute |
| Am 1. August, anstelle des Feierabendgeläutes (im Auftrag des Kantons, wie auch Neujahr) | 20.00.35 – 20.15 | | | alle sieben Glocken |
| Am 26. Dezember, 1. Januar, Karfreitag, Ostermontag, Himmelfahrt, Pfingstmontag | | | | Kein Frühgeläute |
| Abdankung | | 10 Min. | | Glocke 3, bei Grossanlass alle sieben Glocken |
| Trauung | | 10 Min. | | Glocken 7, 6, 5, 4, 3, 2 |

## Literaturverzeichnis

**Basler Münsterbauverein:** Bericht und Rechnung, Erstes Jahr, 1880, Basel 1881 (Archiv Kantonale Denkmalpflege Basel-Stadt)

**Bucher, Engelbert:** St. Theodul, in: Wir Walser, Halbjahresschrift für Walsertum, Brig 1966, S. 2–17

**Burckhardt, Rudolf F.:** Der Basler Münsterschatz = Die Kunstdenkmäler des Kantons Basel-Stadt, Bd. II der Reihe «Die Kunstdenkmäler der Schweiz», Basel 1933 bzw. unveränderter Nachdruck 1982

**Burzan, Michael:** Klangvolle Botschafter, in: Deutsche Briefmarken-Zeitung/SE 26/ (ohne Ort) 2016, S. 20–24

**Grimm, Jacob/Grimm, Wilhelm:** Deutsches Wörterbuch, Vierten Bandes zweite Abtheilung, Leipzig 1877, Spalte 652 (Stichwort «HAUSARM»)

**Fürstenberger, Markus:** Glogge und Gleggli im Alte Basel, Basel 1998

**Gnehm, Hans Jürg:** Die Basler Münsterglocken, in: Freunde der Basler Münsterbauhütte, Jahresbericht 2007

**Guntern, Josef:** Volkserzählungen aus dem Oberwallis – Sagen, Legenden, Märchen, Anekdoten aus dem deutschsprechenden Wallis = Schriften der Schweizerischen Gesellschaft für Volkskunde, Bd. 62, Basel 1978, S. 813f.

**Hindemann, Andreas:** Dokumentation Basler Münster, Zusammenstellung von Informationen zu den Glocken, 18.07.2018

**Historisches Museum Basel (Hrsg.):** Der Basler Münsterschatz, Basel 2001

**Huggel, Doris/Grütter, Daniel (Hrsg.):** «mit gantzem fliss» Der Werkmeister Hans Nussdorf in Basel, Basel 2003

**Kramer, Kurt:** Klänge der Unendlichkeit – Eine Reise durch die Kulturgeschichte der Glocke, Kevelaer 2015

**Liebendörfer, Helen:** St. Theodul – der Glockenheilige, in: Freunde der Basler Münsterbauhütte, Jahresbericht 2007

**Meier, Hans-Rudolf/Schwinn Schürmann, Dorothea et al.:** Das Basler Münster = Die Kunstdenkmäler des Kantons Basel-Stadt, Bd. X der Reihe «Die Kunstdenkmäler der Schweiz», Bern 2019

**Meyer-Lustenberger, Karl:** Die Glocken im Basler Münster – früher und heute, in: Freunde der Basler Münsterbauhütte, Jahresbericht 1921, S. 42–57

**Nachbaur, Ulrich:** Der heilige Bischof Theodul, in: MONTFORT, Zeitschrift für Geschichte Vorarlbergs, 66. Jahrgang, 2014, Bd 1, S. 5–81

**Schmied-Deola, Sandra:** Läutordnung (ab 1. Advent 2020)

**Schweizer Lexikon 91** in 6 Bänden, Bd.3, Luzern 1992, S. 796

**Schweizerisches Idiotikon – Wörterbuch der schweizerdeutschen Sprache,** 1. und 3. Bd, Frauenfeld 1881 und 1895

**Schwinn Schürmann, Dorothea:** Glocken, in: Meier, Hans-Rudolf/Schwinn Schürmann et al., Dorothea: Das Basler Münster = Die Kunstdenkmäler des Kantons Basel-Stadt, Bd. X der Reihe «Die Kunstdenkmäler der Schweiz», Bern 2019, S. 321–323

**Stadler-Planzer, Hans:** Die Pfarrkirche St. Theodul und die Kapellen von Unterschächen, Verlag des Kirchenrates, Unterschächen 1998

**Stückelberg, Ernst A.:** Die Schweizerischen Heiligen des Mittelalters: ein Hand- und Nachschlage-Buch für Forscher, Künstler und Laien, Zürich 1903

**Teuteberg, René:** Berühmte Basler und ihre Zeit: sieben Biographien: ein Volkshochschulkurs an der Universität Basel, Basel 1976

**Thommen, Bruno:** Schweizerisches Feuerwehr-Museum im Lützelhof in Basel, Basel 1997

**Wackernagel, Rudolf:** Geschichte der Stadt Basel, Zweiten Bandes erster Teil, Basel 1911, S. 290 ff., Faksimile Nachdruck der Originalausgabe, Basel 1986

**Wurstisen, Christian:** Beschreibung des Basler Münsters und seiner Umgebung, in: Rudolf Wackernagel (Hrsg.): Beiträge zur vaterländischen Geschichte, 12. Bd., Neue Folge, 2. Bd., Basel 1888

## Bildnachweis

**Titelbild:** Stauffenegger + Partner, Basel, Bianca Wyss
**Abb. 1:** Aus: Markus Fürstenberger: Glogge und Gleggli im Alte Basel, Basel 1998, S. 19
**Abb. 2–12, 23:** Foto: Peter Schulthess
**Abb. 13–17:** Foto: Martin Bütikofer
**Abb. 18–22:** Foto: Fotostudio Fischlin, Stans

## Dank

Ohne die grosse Unterstützung von Sandra Kuwartowski, Leiterin des Accueil im Münster, und von Andreas Hindemann, Münsterbaumeister am Basler Münster, wäre diese Publikation nicht entstanden. Ihnen beiden danke ich herzlich. Mein besonderer Dank geht an Kunsthistorikerin und Münsterautorin Dorothea Schwinn Schürmann für das umfassende Lektorat und die Textergänzungen.

Die Publikation wurde gefördert durch die Freiwillige Akademische Gesellschaft (FAG), die Willy A. und Hedwig Bachofen-Henn-Stiftung sowie den Verein Freunde der Basler Münsterbauhütte und gedruckt mit Unterstützung der Berta Hess-Cohn Stiftung. Für die grosszügigen finanziellen Beiträge danken wir herzlich.